PASATIEMPOS PARA ENTRENAR TU CEREBRO

VOLUMEN 6

Juegos de creatividad

Responsable editorial: Víctor Manuel Ruiz Calderón

Composición de cubierta: Celia Antón Santos

Ilustración de cubierta: © 2003-2024 Shutterstock, Inc.

Texto y contenido de los juegos de ingenio: © Agustín Fonseca García

Texto de introducción, diseño del libro y material gráfico: © Imaginarte Juegos

Revisión de pasatiempos: Jana Fonseca Ortega

Valentín Beato, 21
28037 Madrid
Depósito legal: M. 22.893-2024
ISBN: 978-84-415-5138-1
Impreso en España

PAPEL DE FIBRA
CERTIFICADA

PASATIEMPOS PARA ENTRENAR TU CEREBRO

VOLUMEN 6

Juegos de creatividad

Agustín Fonseca García

OBERON

ÍNDICE

Las capacidades cerebrales 5
Algunos comentarios sobre la creatividad 6
Desayuno de citas 8
Instrucciones para jugar con este libro 10
La dificultad en los pasatiempos 11
01 Nokori 12
Nokori (soluciones) 19
02 Laberinto quiz 21
Laberinto quiz (soluciones) 26
03 Mikado 27
Mikado (soluciones) 36
04 ART·hex 38
ARThex (soluciones) 46
05 Laberintos 48
Laberintos (soluciones) 57
06 Ideogramas 60
Ideogramas (soluciones) 67
07 Cadenas 68
Cadenas (soluciones) 79
08 Autocultos 83
Autocultos (soluciones) 88
09 Cuentacubos 89
Cuentacubos (soluciones) 104
10 Fichas refraneras 105
Fichas refraneras (soluciones) 115
11 Ganyaku 116
Ganyaku (soluciones) 122
12 Pinchos 125
Pinchos (soluciones) 131
13 Dedudados 133
Dedudados (soluciones) 141
14 Wordokus raros 143
Wordokus raros (soluciones) 150
15 Calamitas 151
Calamitas (soluciones) 161
16 Cajón de sastre 162
Cajón de sastre (soluciones) 174

LAS CAPACIDADES CEREBRALES

Antes de que empieces con el libro es importante que sepas algo sobre las capacidades cerebrales que trabajarás si te pones a hacer los pasatiempos que contiene. En principio podríamos resumirlas en las siete que te mostramos a continuación:

1. **Atención**. Es la madre de todas las capacidades. Es la que permite que las demás puedan llevarse a cabo. La utilizas cuando tienes que razonar y necesitas concentrarte en tu pensamiento, o cuando estás conduciendo y tienes que estar pendiente de varios estímulos. Mucha gente dice que le falla la memoria cuando en realidad lo que le falla es más bien la capacidad de concentrarse.
2. **Cálculo**. Es la capacidad de manejar las medidas. Aunque es una de las que requiere más concentración, no es la más compleja a nivel cerebral. El ejemplo está en que el ser humano ya ha sido capaz de construir máquinas de calcular incluso más precisas que el cerebro, pero no máquinas que sepan hacer otras tareas como la que realizan los psicólogos, es decir, escuchar activamente a una persona, ofrecerle comprensión y darle una respuesta que le ayude a encauzar la situación que le esté abrumando, tarea esta más relacionada con la comunicación y el lenguaje a un nivel profesional.
3. **Lógica**. Es la que nos permite predecir las causas y las consecuencias de lo que nos rodea. El hombre del tiempo no es adivino: hace uso de la lógica, igual que la utilizan todas las ciencias para desarrollar sus teorías. Hacemos uso de la lógica a diario y sin ella nuestra vida sería un caos.
4. **Lenguaje**. Con esta capacidad no solo hablas, sino que también gesticulas con las manos, con tu cuerpo, con tu cara... El lenguaje es la capacidad de comunicarte, de transmitir a otro un mensaje y de saber que él puede descifrarlo y comprenderlo. También es lenguaje, por supuesto, el uso de las palabras para describir y retratar un montón de sucesos y conceptos de la vida que te rodea.
5. **Orientación espacial**. Tu cerebro puede orientarse en el espacio mejor de lo que lo hace un GPS, y además, sin satélite. A todo lo relacionado con la posición de nuestro cuerpo en el ambiente y con la capacidad de imaginar objetos en 3D lo hemos llamado orientación espacial.
6. **Memoria a corto plazo**. Con este concepto denominamos la habilidad que tiene el cerebro de retener informaciones nuevas y recuperarlas al poco tiempo. La utilizamos para recordar un teléfono o una dirección. Su duración es corta, pero resulta indispensable para adquirir conocimientos del mundo que nos rodea.
7. **Memoria a largo plazo**. Es la capacidad de recordar a largo plazo las informaciones que adquirimos. De ellas echamos mano a diario y su duración en la memoria es ilimitada: nos acompañarán a lo largo de nuestra vida, aunque no siempre se mantendrán frescas y accesibles. Dentro de este gran saco de información tenemos, por ejemplo, desde las palabras de nuestra lengua materna hasta los acontecimientos personales de nuestra vida o la forma de montar en bicicleta o nadar.

Lo interesante es que todas estas capacidades no funcionan independientes unas de otras, sino que se ayudan entre sí para alcanzar sus objetivos. Por ejemplo, el lenguaje tiene unas normas que siguen un patrón lógico y rebusca en el almacén de los conocimientos generales para fomentar su riqueza, o el cálculo hace uso del razonamiento lógico y de la memoria a corto plazo para conseguir el resultado buscado.

¿Y cuáles de estas capacidades vas a necesitar para enfrentarte a este libro? Pues todas, que seguro que ya las manejas adecuadamente, sin embargo, te destacaría tres de ellas: la atención (casi un comodín que es necesaria para todo), la orientación espacial (que te ayudará a entender y relacionar elementos de los pasatiempos) y por supuesto la **lógica** (imprescindible en la resolución).

ALGUNOS COMENTARIOS SOBRE LA CREATIVIDAD

Si echamos la vista atrás haciendo uso de nuestra memoria, podremos percibir que desde que éramos más jóvenes se han ido produciendo una serie de cambios en nuestra sociedad. Grandes inventos que nos hacen la vida más cómoda, nuevas tendencias en nuestro vestuario y peinado, nuevas formas de ocio, nuevos intereses culturales... Somos testigos del cambio, aunque muchas veces no somos conscientes de él.

La capacidad humana responsable de esta evolución es la **creatividad**. Esta se caracteriza por una forma de pensar original e innovadora que se sale de las pautas establecidas.

No hace falta ser un genio creativo para poseer esta capacidad. De hecho, todos podemos innovar y hacer las cosas de otra forma diferente, pero muchas veces, para evitar esfuerzos, por falta de una percepción más profunda o por presión del ambiente, acabamos haciendo las cosas como siempre, con el riesgo de caer en la rutina y el aburrimiento.

La introducción de la creatividad como objeto de estudio de la psicología se produjo a partir de los años cincuenta, de la mano del psicólogo americano J. P. Guilford, y desde entonces ha sido analizada desde diversas disciplinas.

Hoy en día, a pesar de que no se ha llegado a un consenso en cuanto a su definición, sí se tiene la idea de que la creatividad no es un don, sino la combinación de una serie de circunstancias, tanto sociales como personales, que a veces son barajadas por la suerte.

En cuanto a las circunstancias sociales, tenemos que decir que la opinión de los demás, si es una opinión generalizada que se pueda poner en boca de una gran mayoría, suele ejercer de modulador y castrador de ideas creativas. Muchas veces abortamos conductas que se desliguen de la norma por miedo a la vergüenza, a la no aceptación social o al "qué dirán". La sociedad, en realidad, puede ejercer una doble función en cuanto a la creatividad. Por una parte, como hemos dicho, puede censurar injustamente un comportamiento menos normativo y por otra puede realzar la conducta creativa mediante el reconocimiento. A lo largo de la historia de la humanidad, se ha ido adjudicando reconocimiento o censura a las personas creativas de una forma injusta, ya que muchas veces las circunstancias políticas y religiosas contaban con mucho más peso que la idea anunciadora de cambio. En relación a las características personales del creativo, podemos decir que la creatividad estará presente en personas inconformistas, que les guste la soledad, que sean inteligentes pero también tenaces, especialistas en su campo aunque abiertas a cuestionarse las normas y, sobre todo, que lo que hacen las motive de una forma intrínseca, es decir, que lo hagan porque les gusta y les hace sentir bien y no por una retribución o causa ajena a la actividad.

En otros de los libros hablábamos sobre la dualidad existente entre hemisferios. Por una parte, tendríamos el hemisferio izquierdo, más científico, analítico, calculador, basado en la razón y la lógica. Y en el lado opuesto el derecho, más soñador, transgresor, creativo, espacial y genérico. Esta forma de buscar respuestas a través de generar opuestos ha sido una tendencia del ser humano desde los inicios de su historia. Ayuda a entender mejor el concepto, pero no podemos asimilarla al pie de la letra, es decir, tenemos que entenderla más como un símil que como un hecho fisiológicamente visible. No es ni mejor ni peor ser más creativo que lógico o ver las cosas de forma más analítica que global. Lo adecuado es aprender a utilizar las dos formas de pensamiento por igual, o lo que es lo mismo, aprender a movernos por el mundo utilizando ambas capacidades, ya que tradicionalmente una de ellas ha quedado un tanto desplazada. Es bueno seguir las normas, pero también es bueno cuestionárselas e intentar ver todos los puntos de vista. La educación tradicional enseña a los niños valores y conceptos como verdades absolutas. Les enseña a inferir y a dar cuestiones por sentado, pero no siempre les enseña a pensar por sí mismos y a desarrollar todo el potencial disponible.

En el ejercicio inferior, tal vez necesites desviarte un poco del pensamiento tradicional o convergente, que te hace inferir presunciones que podrían hacer que nunca llegues a la solución.

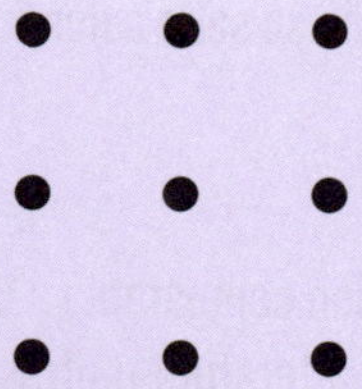

Une los 9 puntos mediante cuatro líneas rectas, sin levantar el lápiz.

Para lograr resolverlo habrás tenido que utilizar otro tipo de pensamiento que se ha saltado, por así decirlo, las normas establecidas. Un pensamiento que, desde el primer momento, ha supuesto que las líneas no tuvieran que salirse de los 9 puntos. Este razonamiento creativo recibe el nombre de **pensamiento lateral** y será el que más trabajemos en muchos de los pasatiempos de este libro.

¿Y qué conseguimos siendo creativos? Aunque nos parezca mentira, la creatividad puede pertrecharnos de una forma distinta de percibir el mundo. Con ella podemos hacer que cada día sea diferente y sorprendernos nuevamente, como cuando éramos pequeños, de todo lo que nos rodea. La creatividad nos permite flexibilizar nuestro pensamiento, tolerar los cambios y relativizarlos. Una intención consciente de desarrollarla nos ayudará a entender el mundo desde otros puntos de vista y nos sentiremos mejores ciudadanos. Esto mismo puede ayudarnos a entender a los demás, de tal forma que nuestras relaciones interpersonales sean más enriquecedoras. Aumentará la comunicación y sentiremos menos aislamiento, con la consiguiente reducción del riesgo de padecer una enfermedad mental.

Como puedes ver, la creatividad es una capacidad de adaptación que puede aumentar la calidad de tu vida. Existen muchas profesiones que la desarrollan, pero nosotros, a nivel personal, debemos potenciarla, ya que los beneficios que se barajan son más que evidentes. Si quieres que aumente tu creatividad, no es tarde en ningún momento. Incluso en los talleres con personas mayores se logran unos resultados muy gratificantes, tanto para los que los organizan como para los propios interesados. Nosotros te recomendamos que cambies la forma de percibir tu ambiente, que desarrolles tus sentidos más allá de lo evidente y que veas lo nuevo como conocido y lo conocido como nuevo. Para ser creativo necesitas generar un gran número de ideas. Difícilmente será creativo el que tiene una única gran idea en la vida, sin haber pasado antes por infinidad de ideas imposibles y absurdas. Esta actitud, además, no ha de chocar con tu preocupación por lo que piensen de ti. Sé un poco gamberro (respetando, eso sí, a los demás), desafía las normas, no te conformes con lo establecido y disfruta siempre con lo que hagas.

Sergio Fernández Aldrey
Psicólogo

Queremos que empieces este libro con buen ánimo, a la vez que puedes observar algunas formas creativas de citas que ponen de manifiesto que muchos sesudos personajes de la historia ya pensaron y escribieron sobre todo esto, pero con un humor muy especial.

DESAYUNO DE CITAS

Hay quienes cruzan el bosque y solo ven leña para el fuego.
Leon Tolstoi
(1828-1910) Escritor ruso

Nunca se va tan lejos como cuando no se sabe a dónde se va.
Oliver Cromwell
(1599-1658) Político británico

Para mí no hay emoción o satisfacción comparable a la que produce la actividad creadora, tanto en la ciencia como en el arte, literatura u otras ocupaciones del intelecto humano. Mi mensaje, dirigido sobre todo a la juventud, es que si sienten inclinación por la ciencia, la sigan, pues no dejará de proporcionarles satisfacciones inigualables.
Severo Ochoa
(1905-1993) Científico español

Las grandes ideas son aquellas de las que lo único que nos sorprende es que no se nos hayan ocurrido antes.
Noel Clarasó
(1899-1985) Escritor español

Siempre que enseñes, enseña a la vez a dudar de lo que enseñas.
José Ortega y Gasset
(1883-1955) Filósofo español

Una buena idea es todo lo que se necesita para alcanzar el éxito.
Napoleón Hill
(1883-1970) Escritor estadounidense

El espíritu creativo es como un océano; se nutre de todos los ríos de la vida.
Tristao da Cunha
(1460-1540) Gobernador portugués

En los momentos de crisis solo la creatividad es más importante que el conocimiento.
Albert Einstein

(1879-1955) Científico alemán

No tengas miedo a la perfección, nunca la vas a alcanzar.
Salvador Dalí
[1904-1989] Pintor surrealista español

La creatividad no se gasta. Cuanto más usas, más tienes.
Maya Angelou
[1928-2014] Escritora y cantante estadounidense

Allí donde la vida levanta muros, la inteligencia abre una salida.
Marcel Proust
[1871-1922] Novelista francés

La mejor forma de tener una buena idea es tener muchas ideas.
Linus Pauling
[1901-1994] Ingeniero bioquímico estadounidense

El principal enemigo de la creatividad es el buen gusto.
Pablo Picasso
[1881-1973] Pintor y escultor español

Una corazonada es la creatividad tratando de decirte algo.
Frank Capra
[1897-1991] Director de cine italo-estadounidense

Lo esencial de la creatividad es no tener miedo a fracasar.
Edwin Herbert Land
[1909-1991] Científico e inventor estadounidense

La creatividad es el resultado de un duro y sistemático trabajo.
Peter F. Drucker
[1909-2005] Consultor austríaco

Ser creativo es no aceptar nada de segunda mano.
Agnes de Mille
[1905-1993] Bailarina estadounidense

INSTRUCCIONES PARA JUGAR CON ESTE LIBRO

Antes de ponerte con el libro es importante que tengas en cuenta algunas cosas:

- No te asustes porque no conozcas los pasatiempos. En eso consiste este libro, porque es una **recopilación de unos cuantos de mis pasatiempos y diseños originales**. Al final son más de los que en principio pensaba, pero es interesante que veas la creatividad que ello supone, que es el objetivo de este libro. Quizá incluso te animes a diseñar tus propios pasatiempos. Si así fuera, no dudes en que los comentemos.
- En algunos pasatiempos te daremos las pautas para resolverlos, incluso con un pequeño ejemplo con su solución, que te va a ayudar a entender mejor las instrucciones.
- Por propia experiencia te diré que, cuando entiendes la mecánica del pasatiempo y la lógica para encontrar su solución, será el momento en que cambiará el chip de tu mente y ya podrás resolverlo sin gran dificultad y disfrutando con él.
- Un CONSEJO: en caso de que se te atraviese algún pasatiempo, es preferible que lo dejes para cuando tengas tu mente más despejada porque si insistes acabarás odiándolo y ya nunca te gustará. Es una buena terapia que sigas con otras ideas del libro hasta que encuentres uno a tu gusto.
- Cada capítulo lo he acompañado con una ilustración, realizada con una técnica similar a la **aguada**, de lugares situados en el pueblo a donde nos hemos venido a vivir: **BOAL**, un lujo de paisajes asturianos, flores y edificios indianos muy interesantes.

AGRADECIMIENTOS

Este libro no habría sido lo mismo sin la visión de águila de mi hija Jana para descubrir mis errores; la paciencia de Encarna, mi mujer, para aguantar mis horas ante el ordenador; la logística de mi hija María para mantener en marcha el chiringuito; y hasta la aportación de ideas por parte de mi nieta Uxía, que ya apunta maneras.

LA DIFICULTAD EN LOS PASATIEMPOS

En un pasatiempo es importante distinguir entre la dificultad para crearlo y la dificultad para resolverlo una vez diseñado. Ambos procesos pueden tener niveles de difilcutad muy distintos, influenciados por factores diferentes que conviene considerar.

Por ejemplo, imaginemos que queremos generar un rompecabezas y lo que hacemos es coger un vaso de duralex, romperlo en miles de trocitos, recogerlos en una bolsa de plástico y dárselo a alguien para que lo recomponga. Podríamos considerar que esta idea es un extremo de pasatiempo fácil de generar y difícil de resolver, dejando al margen el escaso interés que podrá tener alguien en recomponer un vaso de estas características. De hecho, hay otros objetos antiguos, como las ánforas, que sí que podrían tener un interés particular para intentar recomponerlos, sin embargo, aquí se añade una dificultad adicional si tenemos en cuenta que muchas veces faltan trozos y no sabes cuáles son ni en qué parte del objeto se situarían sus huecos.

Una vez apuntado lo anterior, podríamos decir que hay dos tipos de pasatiempos:

- Los difíciles de "fabricar", como es el caso del **crucigrama**, en el que buscar palabras que vayan cruzándose con otras implica un buen conocimiento de vocabulario.
- Y los fáciles de generar, como es la **sopa de letras**, que tiene una buena dosis de oficio en su generación y búsqueda de las palabras que hay que incluir, más que de dificultad en sí para crearlas. Digamos que es cuestión de paciencia.

Del mismo modo, podríamos establecer una división de los pasatiempos en función de su dificultad para resolverlos por parte de un jugador, aunque aquí influye un aspecto subjetivo, puesto que es posible que la experiencia del que lo intenta resolver influya a la hora de clasificarlo:

- Entre los difíciles, desde este punto de vista, podrían considerarse los jeroglíficos. En estos hay una parte subjetiva a tener en cuenta, puesto que es probable que si el jugador no tuviera conocimientos previos de algunas convenciones utilizadas en este tipo de pasatiempos, es posible que al final le resulte el pasatiempo un gran misterio.
- Por otro lado, entre los fáciles podríamos considerar las **cruzadas**, un pasatiempo en el que se da una lista de palabras, normalmente ordenadas por el número de letras, que resulta sencillo, casi de paciencia el ir colocándolas según el número de casillas en función de la letra que cruza con otras.

Esta sencilla clasificación solo clarifica algo el tema, puesto que hay otros factores que influyen en la dificultad, como es el caso de las definiciones, en donde la "bondad" del diseñador puede facilitar la labor de jugarlo o hacer que se pierda la paciencia para resolverlo, o incluso que se aporten pistas adicionales según el pasatiempo de que se trate.

En definitiva, hay elementos complementarios que hacen de la dificultad un gran misterio, máxime si tenemos en cuenta que influyen de manera directa los conocimientos y habilidades del jugador, por no hablar de establecer un grado de dificultad (por ejemplo de 1 a 5) para que el lector pueda acceder a unos u otros según su estado de ánimo.

01

NOKORI®

El **nokori** es mi último invento, con el que aúno mi experiencia de muchos años diseñando y publicando todo tipo de pasatiempos, con una investigación y búsqueda del "pasatiempo perfecto", según mi concepto, claro. Quizá este aún no lo sea, pero se le parece bastante y espero que te guste.

Villa Anita (1927)

Es una preciosa casa indiana representativa del concejo de **Boal**.

Qué son los NOKORI

A lo largo de los años he diseñado muchos pasatiempos, algunos totalmente originales y de nueva factura, pero otros inspirados en ideas conocidas o en sus mecánicas de resolución. Entiendo que cualquier creador de pasatiempos tiene como máxima aspiración encontrar un pasatiempo original, novedoso en su estructura (o al menos no corriente) y que equilibre bien las dificultades de generación y resolución. Este objetivo creo que lo he conseguido con el NOKORI, un pasatiempo original que diseñé en 2020, con la pandemia (como casi todo ;-), y que he ido modificando y ajustando a medida que fui viendo sus amplias posibilidades.

Podríamos decir que este pasatiempo utiliza palabras y sus definciones, pero a la vez las pistas son del tipo de datos internos en una cuadrícula, similar a lo que ocurre en muchos pasatiempos de lógica, con lo que conjuga muy bien ambos aspectos, y se complementa con una clave final a descubrir, que puede ser otra palabra o un personaje misterioso.

Para entenderlo mejor, lo más práctico será ponerte un ejemplo sencillo, a partir de palabras de 6 letras, e incluso podrás ver la solución en la página de soluciones. De todas formas, luego pueden ser palabras de menos o más letras, tantas como indican las casillas grises.

#00

Así se juega: saca letras de la cuadrícula hacia las casillas exteriores, alineadas con ellas en vertical u horizontal según el caso, para formar palabras acordes con las definiciones. Con las letras sobrantes, leídas de izquierda a derecha y de arriba abajo, podrás descubrir el nombre y apellido de un personaje que a veces puede estar relacionado con las palabras.

Hemos puesto algunas letras repetidas en las palabras exteriores para que puedas ver cómo puede influir o no la letra que trasladas al exterior, pero siempre debes tener presente el objetivo final del juego: **descubrir un personaje**. En este caso, si no sacas el pasatiempo, vete a ver la solución y lo entenderás mejor.

2		1			E			3
	A	S	L	E	P	O		
	M	U	U	U	E	N		
E	R	I	E	E	T	Q		E
	R	R	U	E	R	P		
	T	T	O	E	N	A		
	A	L	B	C	E	E		E
4				E				

1. Color ocre en jardinería.
2. Todas las viviendas tienen una.
3. Hace falta en el casino para ganar.
4. Es muy útil cuando estás escayolado.

UNA PISTA:
Si descubres otros significados de las cuatro palabras, tendrás una pista sobre la profesión del personaje oculto.

#01

A	G	P	P	D	U
C	O	D	S	A	R
C	T	M	E	A	A
V	G	S	R	M	S
I	U	A	H	T	A
L	E	E	O	O	R

1. Instrumento para trazar circunferencias.
2. Sentencia breve y moral.
3. Entrego algo que luego me devuelven.
4. Resorte del reloj.

Si descubres otros significados de las cuatro palabras, tendrás una pista sobre la profesión del personaje oculto.

#02

R	A	C	E	B	A
N	A	A	A	D	E
M	B	B	A	B	E
E	G	B	R	E	I
F	E	R	A	T	Z
D	T	A	T	E	O

1. Potaje muy asturiano.
2. Prenda infantil para que no se manche al comer.
3. Uno de los extremos del alfiler.
4. Discusión entre dos o más personas.

#03

1

2

P	M	L	V	I	P
C	A	N	E	C	I
R	E	N	T	R	N
C	A	C	O	V	A
A	O	N	E	G	O
G	O	L	H	T	L

3

4

1. Herramienta del albañil.
2. Antigua moneda alemana.
3. Utensilio con cerdas.
4. Cinco cartas del mismo palo.

Si descubres otros significados de las cuatro palabras, tendrás una pista sobre la profesión del personaje oculto.

#04

1

2

N	Z	O	R	I	M
M	A	A	A	A	N
M	M	D	F	L	O
O	S	L	R	A	D
B	A	T	B	G	R
E	I	A	R	A	O

3

4

1. Capital europea.
2. No se conquistó en una hora.
3. Sede de un Centro Pompidou.
4. Los de allí son de donde quieren.

#05

I	E	I	T	C	K
P	H	E	R	I	C
U	A	S	J	E	D
S	E	E	I	P	R
C	L	R	P	L	O
A	S	A	N	A	N

1. Hierba menuda que cubre el suelo.
2. Desatascador coloquial.
3. Instrumento del sastre.
4. Desenredar y componer el pelo.

Si descubres otros significados de las cuatro palabras, tendrás una pista sobre la profesión del personaje oculto.

#06

R	M	N	A	G	G
I	A	C	C	A	E
J	R	N	P	H	B
O	O	C	H	N	A
C	H	T	S	O	N
T	E	I	O	L	E

1. Espacio para la práctica deportiva.
2. Instrumento para colgar.
3. Bote repetido de un cuerpo elástico.
4. Tres veces mayor.

Si descubres otros significados de las cuatro palabras, tendrás una pista sobre la profesión del personaje oculto.

#07

P	L	E	E	D	C
R	E	O	L	U	S
U	B	E	N	T	N
I	J	G	A	N	N
T	A	U	C	A	E
F	U	B	O	A	A

1. Manantial de agua con grifo.
2. Órgano muscular de la boca.
3. Recipiente semiesférico usado para tomar alimentos.
4. La periódica es fundamental en química.

Si descubres otros significados de las cuatro palabras, tendrás una pista sobre la profesión del personaje oculto.

#08

J	N	C	O	A	A
O	B	E	S	H	Q
P	O	U	I	I	C
H	N	E	D	S	S
U	A	E	B	A	P
A	I	N	A	I	S

1. Género literario de Bécquer.
2. Las que van de la puesta del sol al amanecer.
3. Enciende la llama del mechero.
4. De allí son los cerros más famosos.

Las cuatro palabras se relacionan con el personaje oculto.

#09

1

	O	C	L	T	T	W	
B	I	M	A	A	D	H	O
T	L	M			J	L	A
A	S	K			E	A	S
L	R	V			L	M	A
A	E	A	E	D	I	O	S
	O	S	B	I	N	N	

2 3

4

1. Sin la que está en el casquillo, te chocarás con todo.
2. Reproductor portátil de casetes con auriculares.
3. Imprescindibles para construir recortables.
4. No podrás escribir sin ellos.

Las palabras son una pista sobre el personaje oculto.

#10

1 2 3

4 5

	N	D		M	F	A	T	I		T	R	I	R	I	O	
V	A	A	E	M	L	N	I	O	O	P	V	L	I	R	N	C
U																O
O	N	L	H	M	I	E	O	A	N	H	L	E	R	D	E	O
	R	O	U	P	R	N	L	E		Y	I	A	E	I	V	

6 7

1. Metal capicúa.
2. La segunda medalla.
3. Metal de los 75 años.
4. Lo tienes en el tubo del baño.
5. El noble de los tubos.
6. Material de ventanas.
7. Los imanes lo atraen.

Si descubres las siete palabras, tendrás una pista sobre el personaje oculto.

NOKORI (soluciones)

01

#00

	A	L	B	E	R	O	
P	A	S	L	E	P	O	S
U	M	U	U	U	E	N	U
E	R	I	E	E	T	Q	E
R	R	R	U	E	R	P	R
T	T	T	O	E	N	A	T
A	A	L	B	C	E	E	E
	M	U	L	E	T	A	

ENRIQUE PONCE, torero. Es la profesión con la que se relacionan las 4 palabras del exterior, con acepciones taurinas.

#01

	C	O	M	P	A	S	
A	A	G	P	P	D	U	P
D	C	O	D	S	A	R	R
A	C	T	M	E	A	A	E
G	V	G	S	R	M	S	S
I	I	U	A	H	T	A	T
O	L	E	E	O	O	R	O
	C	U	E	R	D	A	

GUSTAV MAHLER, compositor. Es la profesión con la que se relacionan las 4 palabras del exterior.

#02

	F	A	B	A	D	A	
B	R	A	C	E	B	A	C
A	N	A	A	A	D	E	A
B	M	B	B	A	B	E	B
E	E	G	B	R	E	I	E
R	F	E	R	A	T	Z	Z
O	D	T	A	T	E	O	A
	D	E	B	A	T	E	

RENÉ MAGRITTE, pintor.

#03

	P	A	L	E	T	A	
M	P	M	L	V	I	P	P
A	C	A	N	E	C	I	I
R	R	E	N	T	R	N	N
C	C	A	C	O	V	A	C
O	A	O	N	E	G	O	E
	G	O	L	H	T	L	L
	C	O	L	O	R		

VINCENT VAN GOGH, pintor. Es la profesión con la que se relacionan las 4 palabras del exterior.

#04

	M	A	D	R	I	D	
Z	N	Z	O	R	I	M	M
A	M	A	A	A	A	N	A
M	M	M	D	F	L	O	L
O	O	S	L	R	A	D	A
R	B	A	T	B	G	R	G
A	E	I	A	R	A	O	A
	B	I	L	B	A	O	

NORMAN FOSTER, arquitecto.

#05

	C	E	S	P	E	D	
C	I	E	I	T	C	K	T
H	P	H	E	R	I	C	I
U	U	A	S	J	E	D	J
P	S	E	E	I	P	R	E
O	C	L	R	P	L	O	R
N	A	S	A	N	A	N	A
	P	E	I	N	A	R	

IKER CASILLAS, futbolista. Es la profesión con la que se relacionan las 4 palabras del exterior.

#06

	C	A	N	C	H	A	
G	R	M	N	A	G	G	R
A	I	A	C	C	A	E	E
N	J	R	N	P	H	B	B
C	O	O	C	H	N	A	O
H	C	H	T	S	O	N	T
O	T	E	I	O	L	E	E
	T	R	I	P	L	E	

MAGIC JOHNSON, jugador de baloncesto. Es la profesión con la que se relacionan las 4 palabras del exterior.

#07

	F	U	E	N	T	E	
L	P	L	E	E	D	C	C
E	R	E	O	L	U	S	U
N	U	B	E	N	T	N	E
G	I	J	G	A	N	N	N
U	T	A	U	C	A	E	C
A	F	U	B	O	A	A	O
	T	A	B	L	A		

PEDRO SUBIJANA, cocinero. Es la profesión con la que se relacionan las 4 palabras del exterior.

#08

	P	O	E	S	I	A	
N	J	N	C	O	A	A	C
O	O	B	E	S	H	Q	H
C	P	O	U	I	I	C	I
H	H	N	E	D	S	S	S
E	U	A	E	B	A	P	P
S	A	I	N	A	I	S	A
	U	B	E	D	A		

JOAQUÍN SABINA, cantautor. Es el personaje con el que se relacionan las 4 palabras del exterior.

01

NOKORI (soluciones)

#09

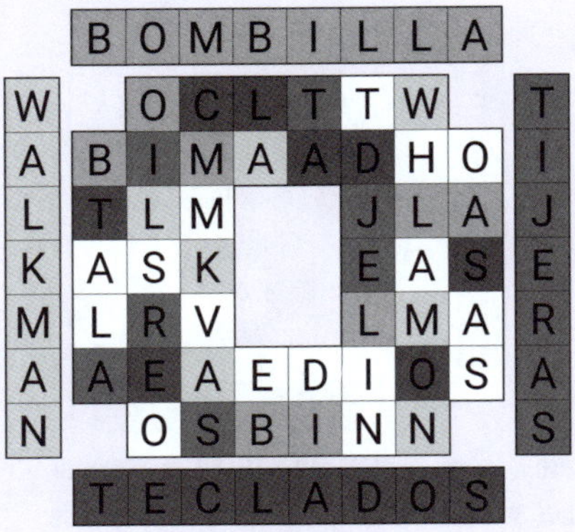

THOMAS ALVA EDISON, inventor.
De una manera u otra las palabras se relacionan con el personaje, bien por sus inventos o porque los usó en algún momento.

#10

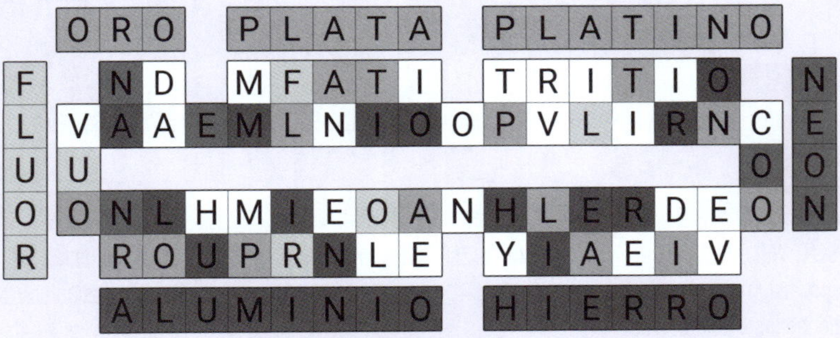

DMITRI IVANOVICH MENDELEYEV, químico.
A él se debe la primera versión de la tabla periódica, que contiene las 7 palabras a descubrir.

02

LABERINTO QUIZ®

El laberinto quiz lo diseñé en 1979 y lo publiqué por primera vez en la revista ***Muy Interesante*** en 1980. Posteriormente, en el verano de 2006, fue objeto de un concurso en ***La Vanguardia***.

Casa Pértiga (1911)
Está situada en **Doiras**, una de las parroquias del concejo de Boal.

Historia de los LABERINTO QUIZ

Cada una de las preguntas del laberinto quiz se acompaña de una imagen y tres posibles respuestas, cada una de las cuales lleva asociada una letra y una flecha, lo que te permite ir saltando por casillas como en un laberinto.

Es difícil precisar cuándo diseñé el primer **laberinto quiz**, incluso por qué lo bauticé así, pero sin duda puede resultar curioso encontrar las influencias de otros pasatiempos o simplemente descubrir para qué lo pensé. En este sentido es de destacar que este tipo de pasatiempos en los que se trata de deducir tanto una palabra o una frase, según el tamaño del tablero, permite su uso incluso en tamaño póster, donde poder publicitar algo a modo de promoción.

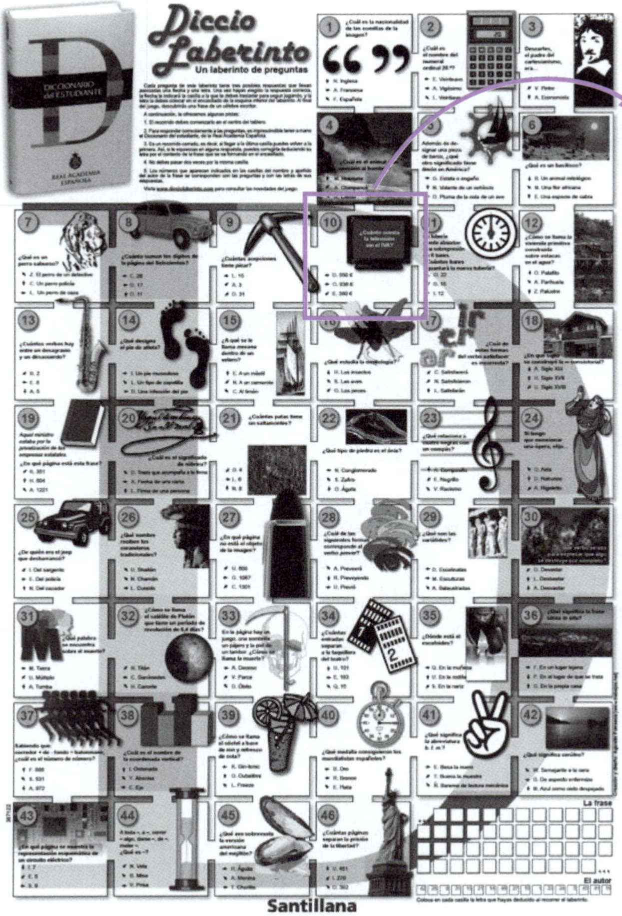

Este es el póster que hice en su día para publicitar el ***Diccionario del Estudiante***, de la **RAE**, sin duda una forma muy original de promocionar dicha edición, puesto que algunas de las preguntas solo cabía la posibilidad de resolverlas si se buscaba en el propio diccionario, como es el caso de la pregunta del detalle, porque un lema del libro describía lo que era el IVA y lo acompañaba con el ejemplo de una televisión y su precio.

Aunque puede haber LQ anteriores, es interesante incluir la referencia de una colección diaria de este pasatiempo que publiqué en *La Vanguardia*, en el verano de 2006, posterior a la publicación del hidato por su autor, el matemático israelí **Gyora Benedek**, un pasatiempo que podríamos decir que subyace en el recorrido por el tablero (ver el volumen 1: ***Juegos de lógica***, publicado en esta misma colección) pero en cualquier caso anterior a que se publicara en España por *El País* sus primeros hidatos en 2009.

Así se juega al LABERINTO QUIZ

Aquí tienes un laberinto fácil para aprender a jugar. Cada uno de los iconos se corresponde con una de las tres palabras entre las que elegir la que más se ajusta a la pregunta. La respuesta que creas correcta te indicará la letra que tienes que poner en el encasillado inferior y a su vez la flecha te muestra la casilla a la que debes ir para descubrir la siguiente letra de la palabra. No te decimos dónde empieza el recorrido, pero podrás deducirlo por el sentido correcto de la palabra que se va formando. Descubrir esa palabra es tu objetivo final.

#01

¿Qué representa?

↘ **L** Salero
↓ **R** Femineidad
→ **E** Alegría

¿Qué representa?

↘ **S** Muerte
↓ **U** Escayola
→ **M** Terror

¿Qué representa?

↙ **B** Yoga
↓ **O** Relax
← **Ñ** Gimnasia

¿Qué representa?

→ **F** Mirón
↑ **O** Desconfianza
↘ **S** Error

¿Qué representa?

↙ **C** Sofisticación
↓ **I** Espía
↗ **A** Ligón

¿Qué representa?

↓ **T** Suerte
← **H** Tijera
↖ **N** Disparo

¿Qué representa?

→ **O** Hibisco
↑ **Z** Margarita
↗ **R** Pasión

¿Qué representa?

← **A** Encina
→ **U** Sombra
↖ **N** Brócoli

¿Qué representa?

↑ **S** Meteorito
← **L** Termómetro
↖ **I** Cometa

La palabra misteriosa

Un ejemplo práctico de LABERINTO QUIZ

Este laberinto lo diseñé para los alumnos de un colegio privado, y por eso las preguntas hacen referencia a asignaturas de 5.º de primaria.

El objetivo fue demostrar su versatilidad y eficacia.

#02

LABERINTO QUIZ

Las preguntas de este laberinto tienen tres posibles respuestas, cada una de las cuales lleva asociada una flecha y una letra.

Una vez que hayas elegido la respuesta correcta, la flecha te indicará la pregunta a la que debes trasladarte para seguir jugando, así como la letra que debes colocar en el encasillado del final para llegar a descubrir a un antiguo personaje. Los números de las preguntas no indican su orden.

Lo mejor será que empieces por la casilla 1.

1 ¿Quién es el antagonista de Harry Potter?
↓ V Weasley
→ O Dumbledor
↙ T Voldemort

2 ¿Qué quiere decir s.f. tras las entradas del diccionario?
↓ L Significado francés
→ O Sin familia
↖ E Sustantivo femenino

3 ¿Cuál de estos no es un polígono regular?
← E Pentágono
↗ M Octógono
↘ A Rombo

4 ¿Qué son las termas?
↙ A Envases para el café
↑ O Baños públicos
← U Hormigas gigantes

5 ¿En qué período se pintó Altamira?
↗ F Neolítico
→ E Mesolítico
↑ L Paleolítico

6 ¿En qué idioma hablaban los romanos?
↗ T Latín
↑ B Griego
← V Romano

7 ¿Qué es un yelmo?
↓ L Pieza de armadura
↗ R Cine
← O Campo sin vegetación

8 ¿Qué es el eslogan de un anuncio?
↓ E Logotipo
↑ I Frase corta
↗ P Protagonista

9 Si dos de los lados tienen 3 y 4 cm, ¿cuánto mide la hipotenusa?
↗ C 2
↙ E 5
→ S 9

10 ¿Cómo se llaman las palabras del diccionario?
↑ N Acepciones
↙ E Lemas
← L Sinónimos

11 ¿Dónde vivían los tartesios?
↑ M Sevilla
→ Z Calatayud
↗ H Tarragona

12 ¿Qué nombre tiene este triángulo?
→ S Escaleno
↑ J Isósceles
↖ R Acutángulo

13 ¿Qué sufijo le pondrías a una torta para hacerla más grande?
← L -illa
↖ D -azo
↑ A -ita

El personaje misterioso: □□□□□□□□□□□□□

Una pista: Los 11 2 1 3 5 10 12 llegaron a ser muy importantes en la prehistoria.

#03

¿Por qué país fluye el río Orinoco?

↑ **A** Argentina
↓ **R** Venezuela
↖ **M** Chile

¿Cómo se dice oveja en inglés?

↓ **Q** Sheep
→ **R** Ship
↖ **M** Shell

¿En qué año nació Eric Clapton?

↑ **R** 1963
↓ **M** 1950
↗ **E** 1945

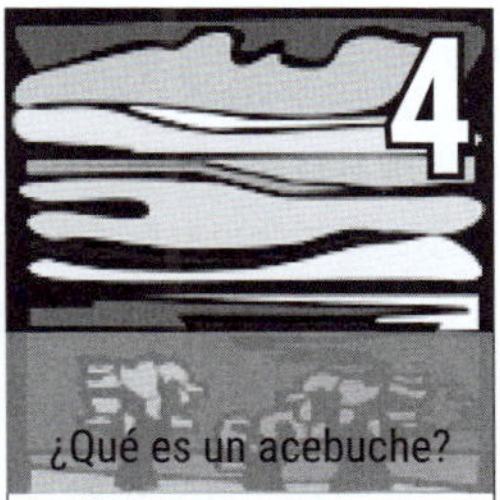

¿Qué es un acebuche?

↗ **A** Un olivo
↓ **R** Una rapaz
↖ **M** Una nube

¿Qué elemento químico se corresponde con el símbolo Mg?

↑ **A** Manganeso
↓ **R** Molibdeno
↗ **U** Magnesio

¿De qué signo del Zodíaco son los nacidos el 11 de mayo?

↑ **A** Piscis
↓ **R** Acuario
↖ **E** Tauro

¿Cuántos meses tienen 28 días?

↑ **A** 6
← **T** 12
↖ **M** 1

En este caso se trata de un recorrido abierto, es decir, que debes comenzar a partir de una casilla concreta: la 8.

Cuando completes el recorrido podrás descubrir una población española que se relaciona con la imagen superior izquierda mediante un dicho o frase hecha.

¿Cuál de estos animales es más longevo?

→ **A** Elefante
↓ **R** Cocodrilo
↖ **M** Águila real

¿Con quién estuvo casada Judy Garland?

← **O** Blake Edwards
↖ **R** William Holden
↑ **N** Vincente Minelli

02

LABERINTO QUIZ (soluciones)

Una de las características del laberinto quiz es que la solución solo hay que darla escrita, sin más, puesto que es la forma de comprobar las respuestas del recorrido y así, de paso, repasar las preguntas y el conocimiento aprendido.

#01

EMOTICONO. El laberinto comienza en la casilla superior izquierda. Algunas de las opciones podrían ajustarse también a la imagen, sin embargo, entonces no tendría mucho sentido la palabra final.

#02

TALES DE MILETO, matemático griego que murió en el 546 a. C.
La pista permite deducir: **METALES**.

#03

La población es: **ANTEQUERA**.
La imagen del sol hace referencia al dicho: ***Salga el sol por Antequera***.

03

MIKADO®

Casino de Boal (1922)

Está situado en el casco urbano de Boal y es en realidad un club social de 1932. Se la conoce como **Casa Sanzo**.

Qué son los MIKADO

El mikado es otro de mis inventos inspirado en el juego físico homónimo que se juega cogiendo un grupo de palillos coloreados (de unos 20 centímetros de largo) dentro de la mano y luego soltándolos en una mesa. Los jugadores deben ir sacando sucesivamente los palillos, de uno en uno sin que se mueva ninguno de los del resto del montón, y perderá el turno si no cumple esta simple regla. Los palillos que el jugador saca se los va adjudicando y gana el que más palillos consigue.

El juego es divertido y sin duda más difícil de lo que pudiera parecer.

#00

Cada una de las bandas de este montón tiene una letra asociada en su extremo. Recógelas según están apiladas y, con las sucesivas letras, descubrirás un personaje, pero ten en cuenta que puede que lo estés leyendo al revés porque no te decimos si empieza en la de más arriba o en la de más abajo. Un consejo, fíjate bien en toda la longitud de la banda (o del pincho) para confirmar que no tiene ningún otro por encima.

Abajo puedes ver el proceso mental que debes hacer para descubrir la solución:

1. En las tres bandas superiores está claro que las letras que se pueden leer son **NON**.

2. Una vez que sabes esas 3 letras te será más fácil descubrir las tres siguientes: **NEL**.

3. Resuelto el primer grupo de bandas blancas será más fácil descubrir el orden de las letras grises: **NHOJ**.

Cuando unes todos ellos obtienes: **NONNEL NHOJ**, donde ya intuyes que el orden de lectura será de abajo a arriba, obteniendo: **JOHN LENNON** (solución)

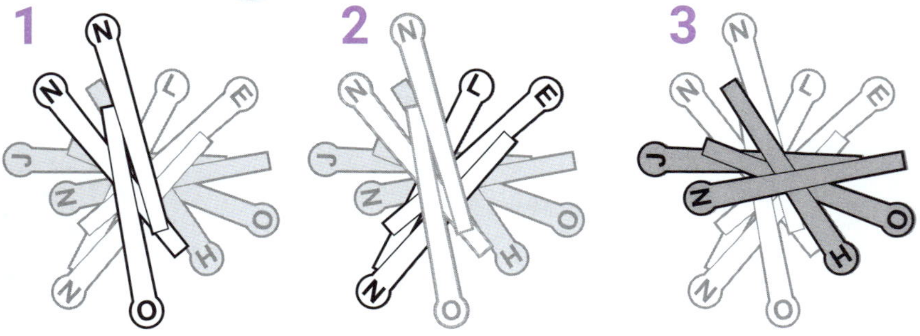

#01

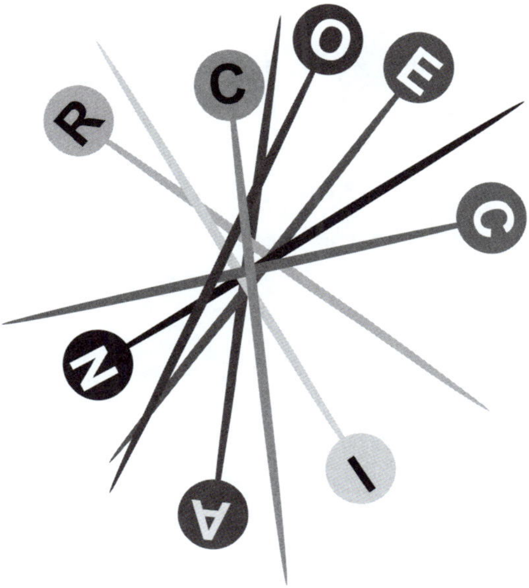

Va de pucheros.

#02

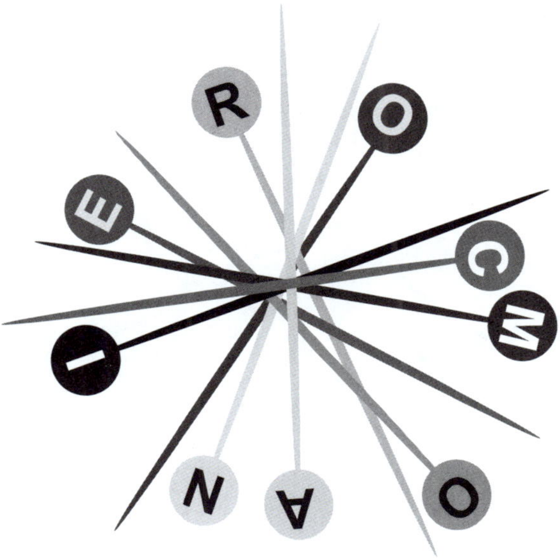

Las ruedas son lo suyo.

#03

Su ratón es un erudito.

#04

Mejor que no te lo encuentres.

#05

Nombre y apellido de un famoso español.

#06

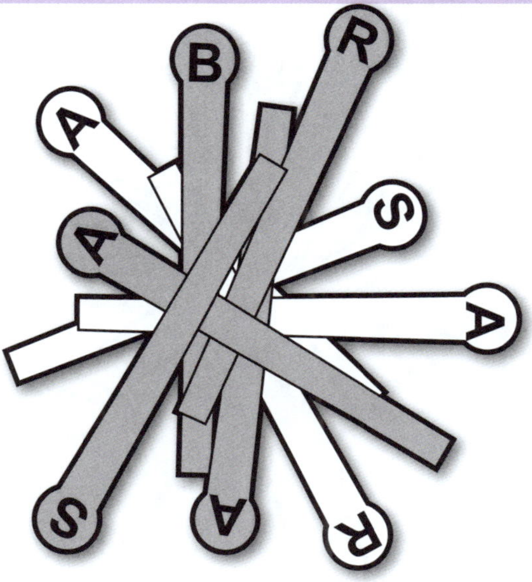

Nombre y apellido de una artista.

#07

El peor vecino.

#08

Era un seudónimo.

#09

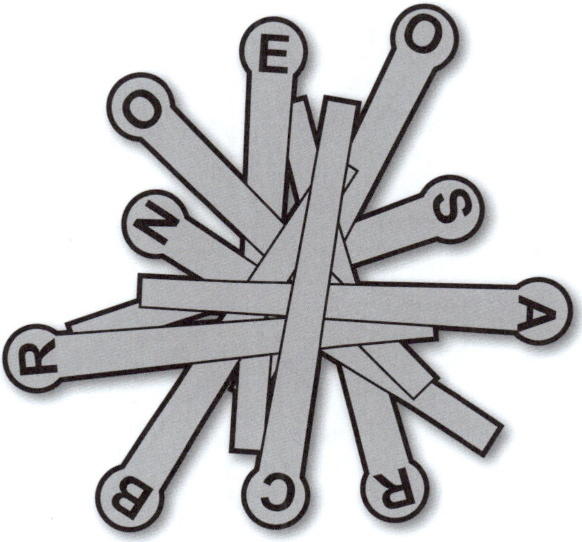

Son imprescindibles para calentarse.

#10

Por eso se rompe.

#11

¿Te acuerdas de Peluso?

#12

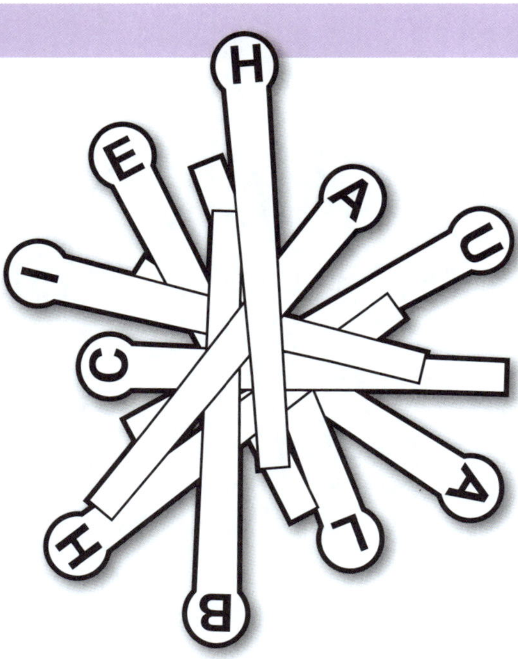

Familia de flamencos.

Los mikados numéricos que te proponemos a continuación te van a permitir deducir la clave que esconde cada uno de ellos.

#13

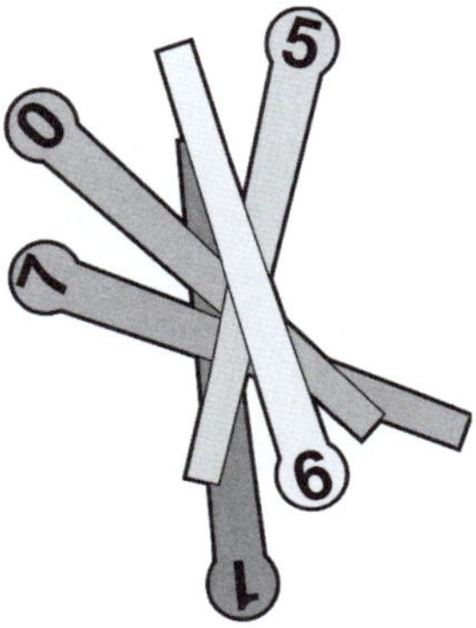

#14

#15

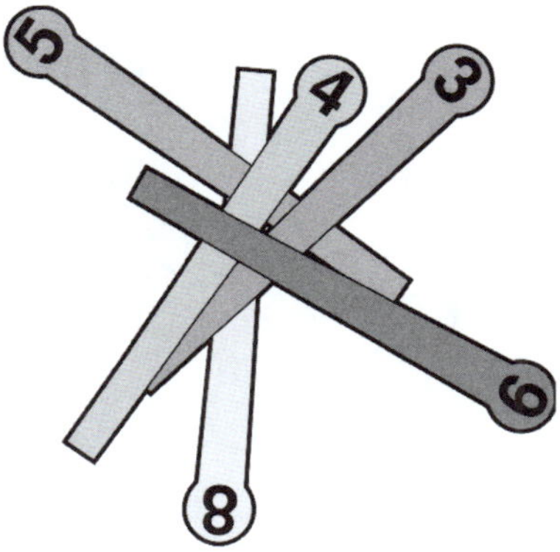

#16

#17

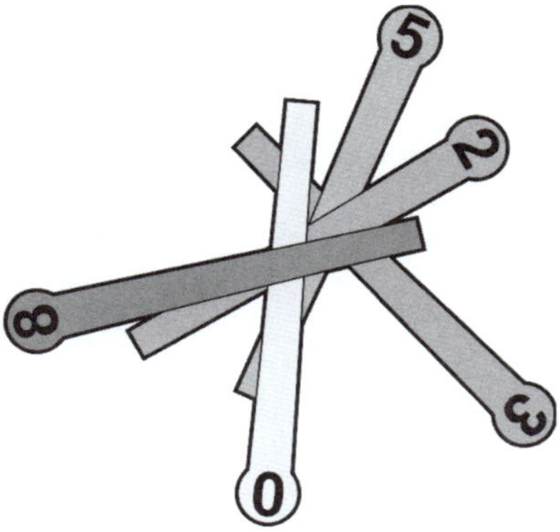

#18

#19

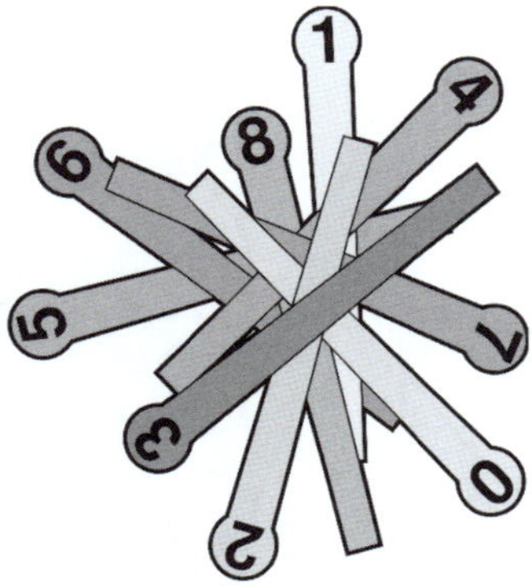

#20

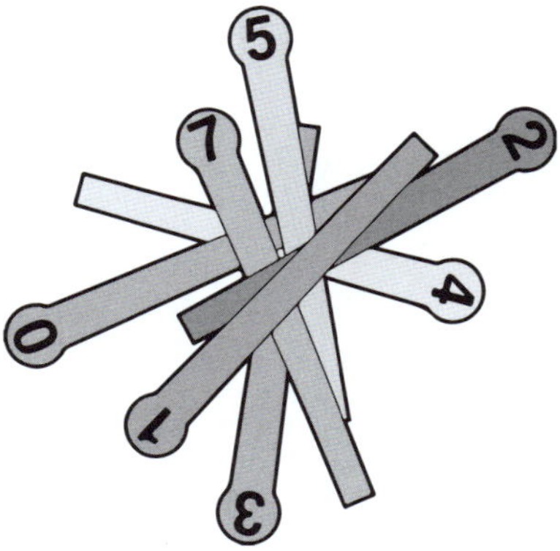

#21

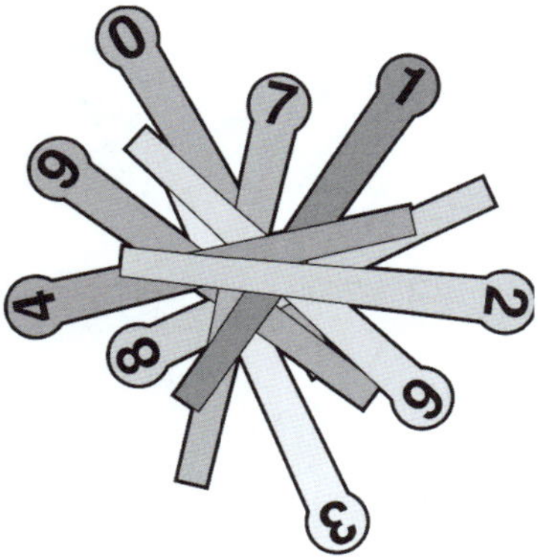

#22

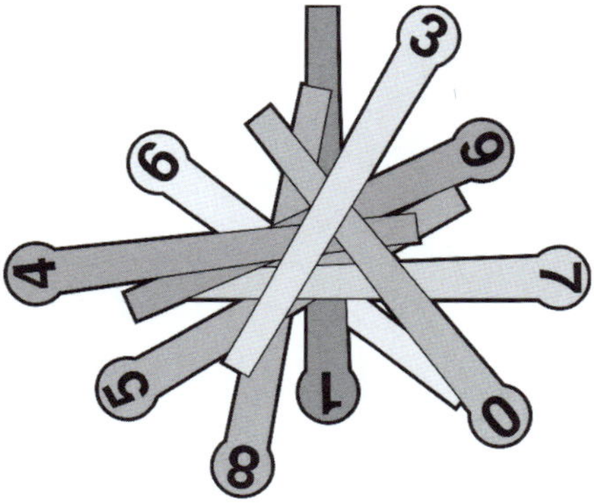

#23

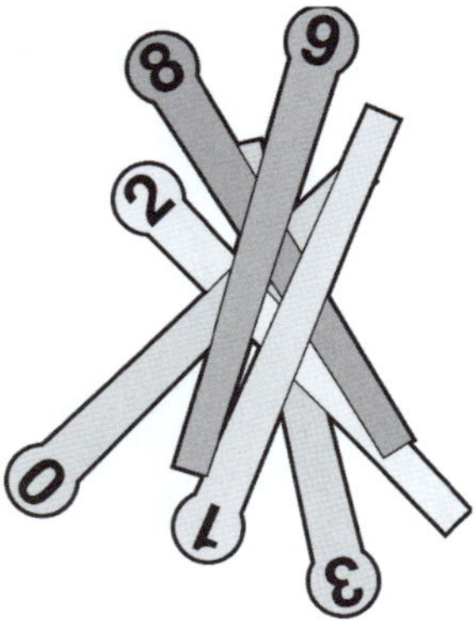

#24

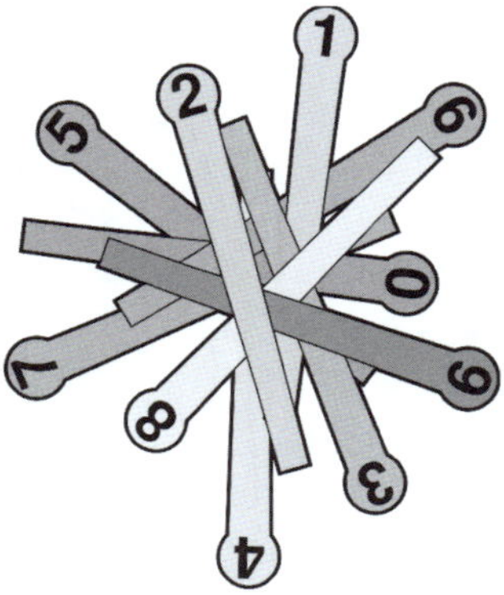

03

MIKADO (soluciones)

#01. COCINERA
#02. CAMIONERO
#03. BIBLIOTECA
#04. RECAUDADOR
#05. MARIO CASAS
#06. SARA BARAS
#07. TOM HANKS
#08. RUBÉN DARÍO
#09. CARBONEROS
#10. QUEBRADIZO
#11. FOCA MONJE
#12. HABICHUELA
#13. 95071
#14. 374021
#15. 94358
#16. 45190
#17. 80253
#18. 374021
#19. 320748165
#20. 1275043
#21. 241679803
#22. 304975816
#23. 918023
#24. 2983160475

04

ART·hex®

Cine Helenias (1925)

Antiguo casino y teatro de Boal, funcionó como cine hasta 1935.
Posteriormente fue sala de fiestas y en la actualidad es un alojamiento de turismo rural..

Qué es el ART·hex

ART·hex es un puzle geométrico de 108 fichas hexagonales, que son las que se obtienen al unir de todas las formas posibles los lados de los hexágonos combinando hasta 3 colores. Para jugar solo hay una regla: ***los lados en contacto deben tener cotinuidad de forma y color***, lo que implica que la curva de aprendizaje es muy rápida. El número de tableros solo depende de la imaginación, porque los definen las propias fichas al colocarlas sobre la mesa. El número de combinaciones es enorme, lo que implica diversión continuada, y además puede jugarse en solitario o entre varios jugadores. Perfecto como juego familiar para poner a tope la orientación espacial.

Lo mejor del juego es que las composiciones que se consiguen son siempre equilibradas de color y diseño, y las utilizamos en el libro como pasatiempo donde trabajarás una capacidad cerebral importante: la orientación espacial.

En la actualidad se comercializa en cajas de 15 fichas y en un futuro se volverá a fabricar con todas sus fichas. Puedes saber más entrando en **www.ARThex.es**

#00

Comenzamos con un tablero sencillo de 7 fichas. Tu objetivo es establecer una correspondencia entre las letras del tablero (izquierda) y los números de las fichas (abajo) sabiendo que debes deducirlo de la composición derecha, imaginando mentalmente el tablero hexagonal que la compone.

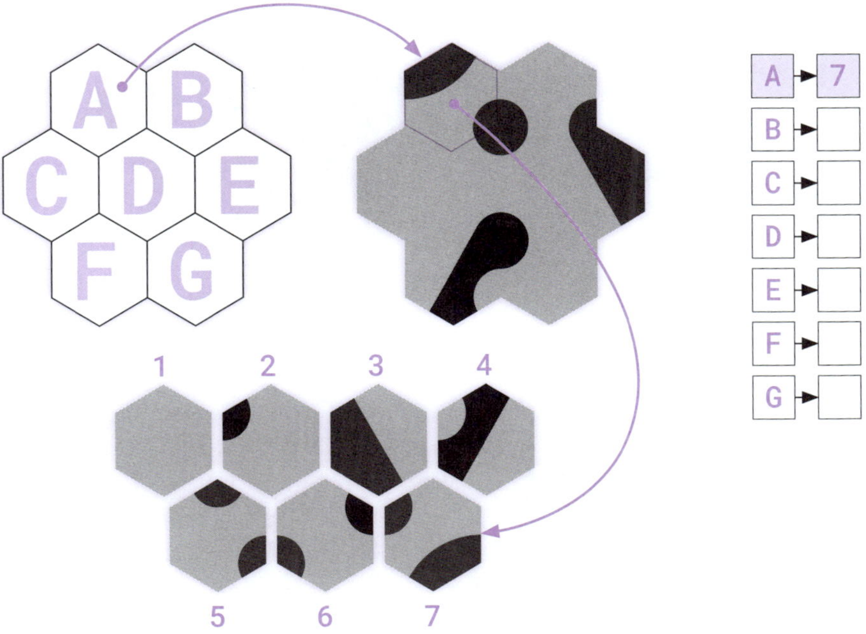

#01

Otro tablero sencillo de 7 fichas.

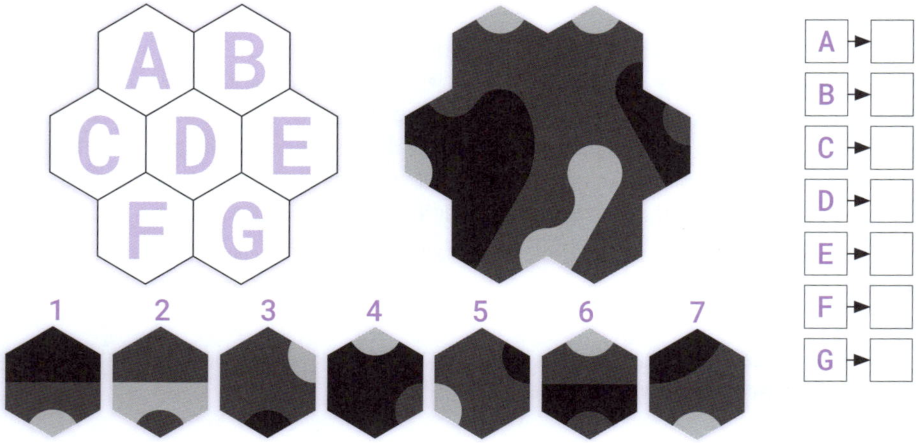

#02

En este caso, el tablero consta de 14 fichas donde debes deducir cuál sería la última ficha (14) y descubrir su especial característica.

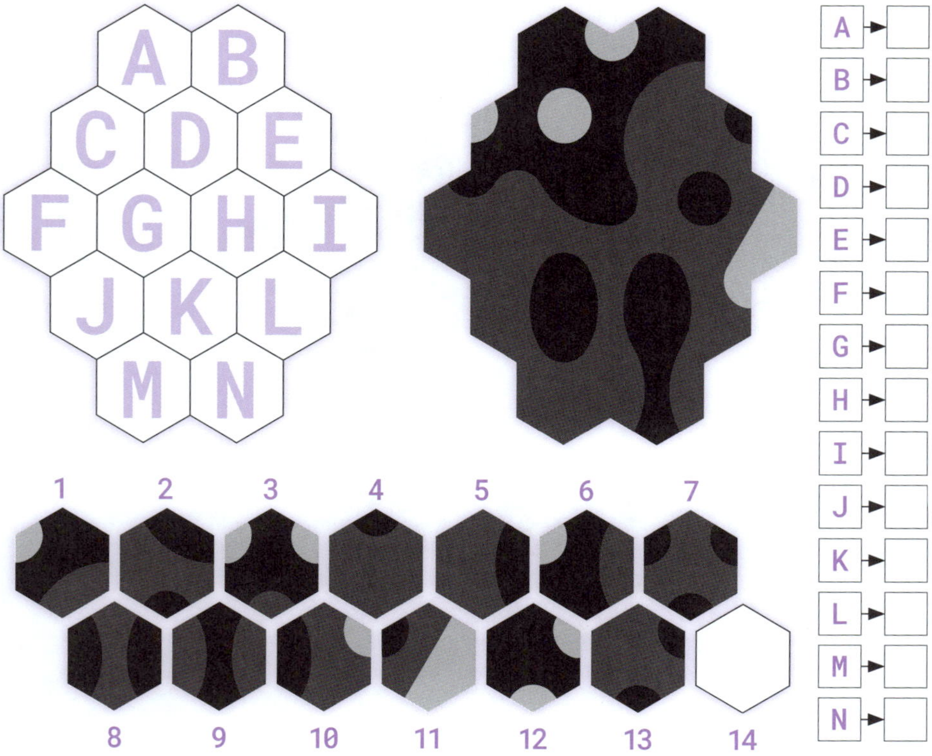

#03

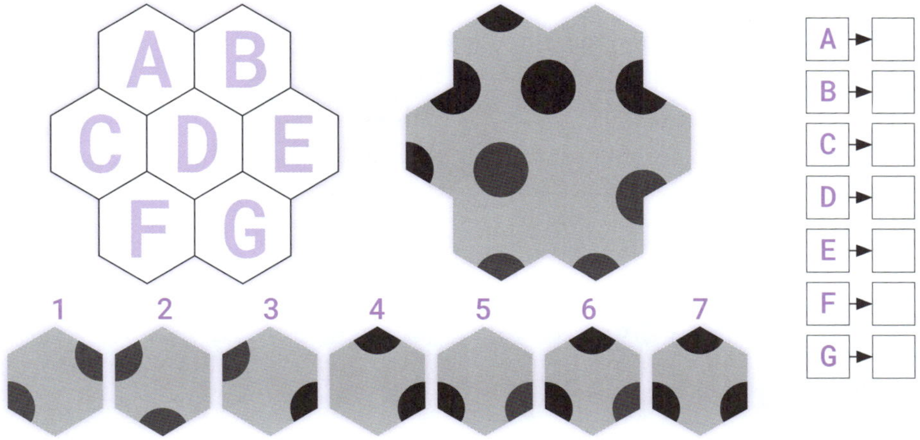
A B C D E F G
1 2 3 4 5 6 7
A B C D E F G

#04

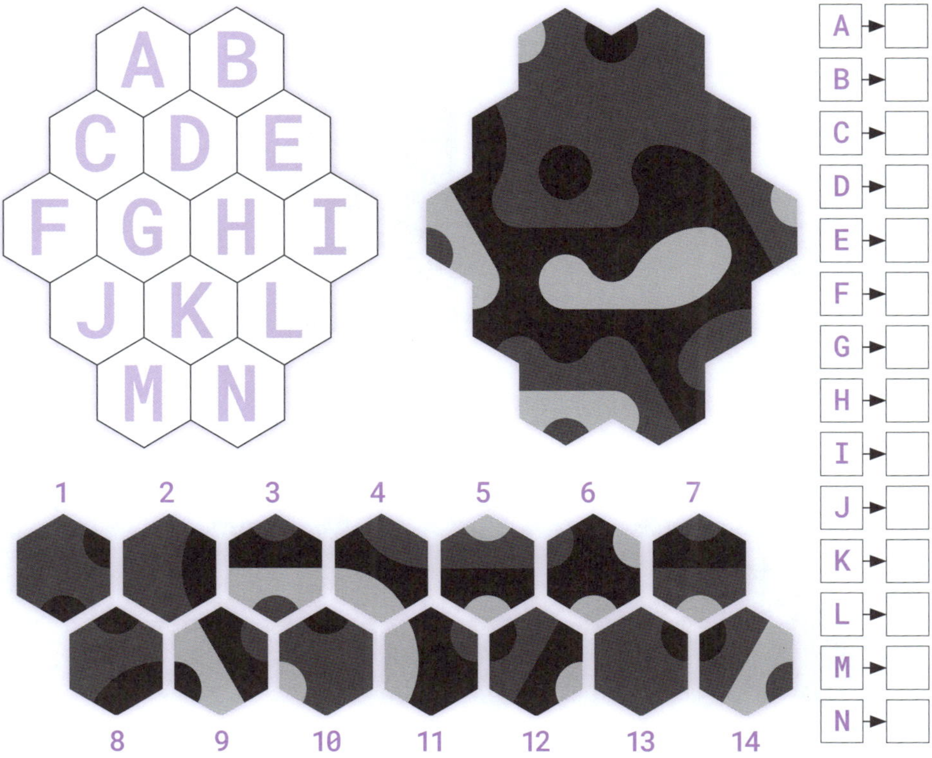
A B C D E F G H I J K L M N
1 2 3 4 5 6 7
8 9 10 11 12 13 14
A B C D E F G H I J K L M N

#05

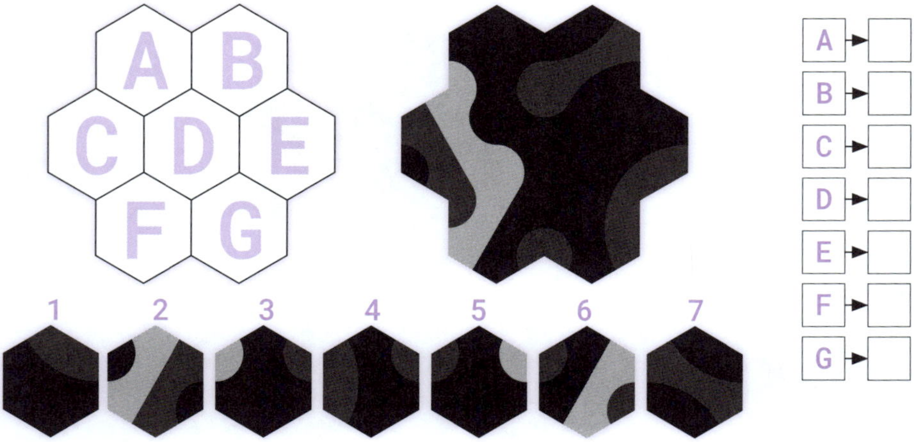
A B
C D E
F G
1 2 3 4 5 6 7
A
B
C
D
E
F
G

#06

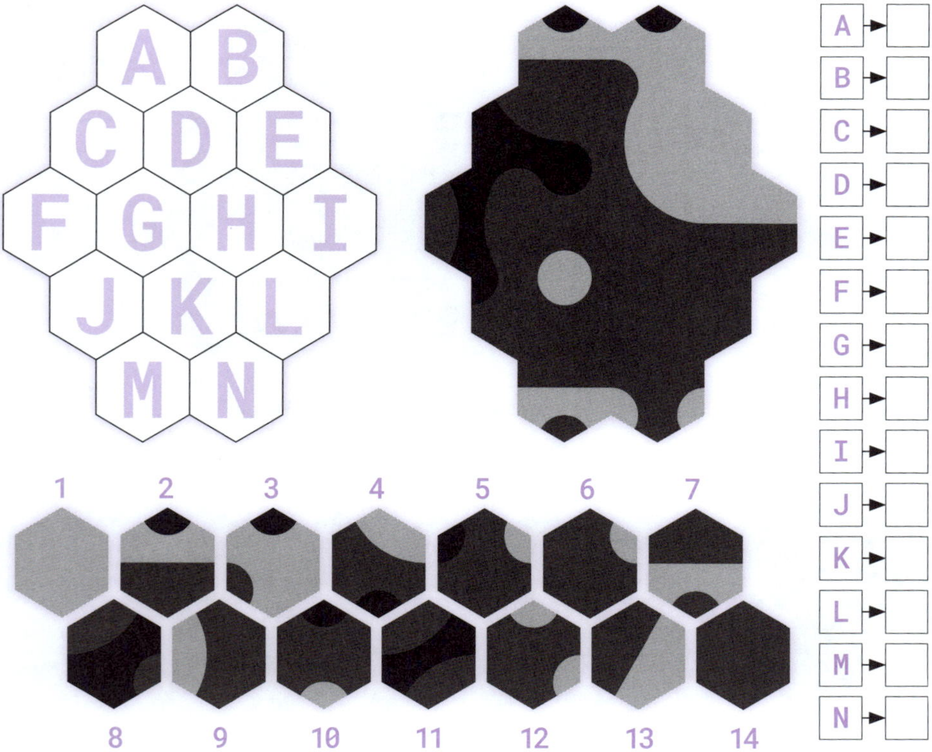
A B
C D E
F G H I
J K L
M N
1 2 3 4 5 6 7
8 9 10 11 12 13 14
A
B
C
D
E
F
G
H
I
J
K
L
M
N

#07

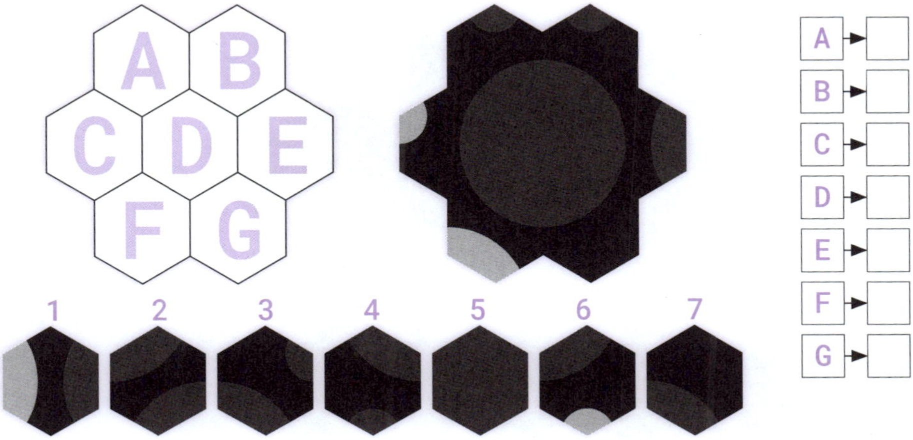

#08

También de 14 fichas, pero con forma de tablero diferente.

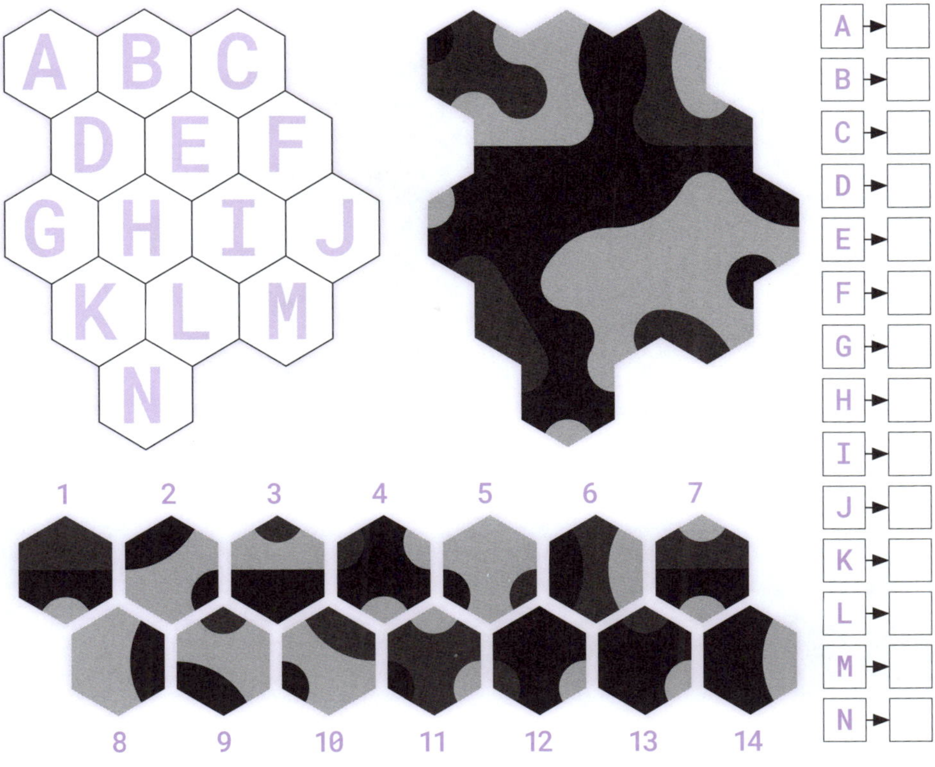

#09

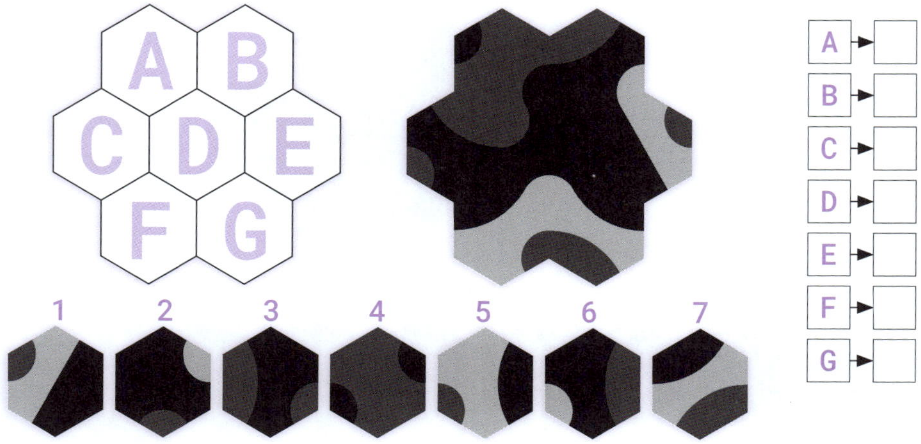

#10

Tu objetivo es establecer la correspondencia de fichas y números y deducir la ficha que encajaría en el hueco.

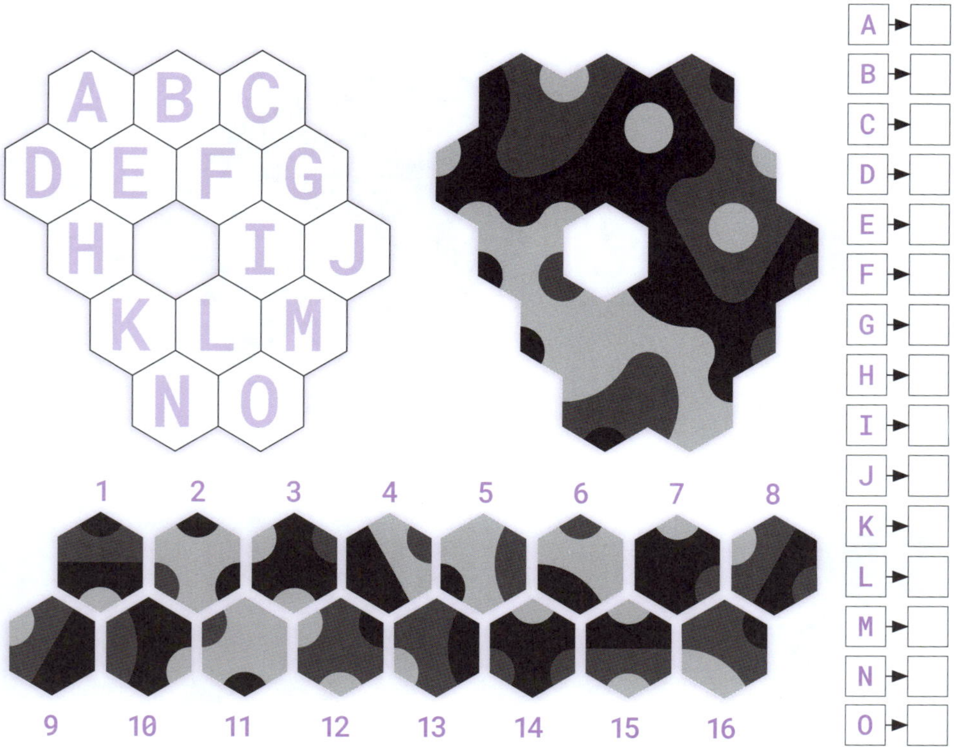

#11

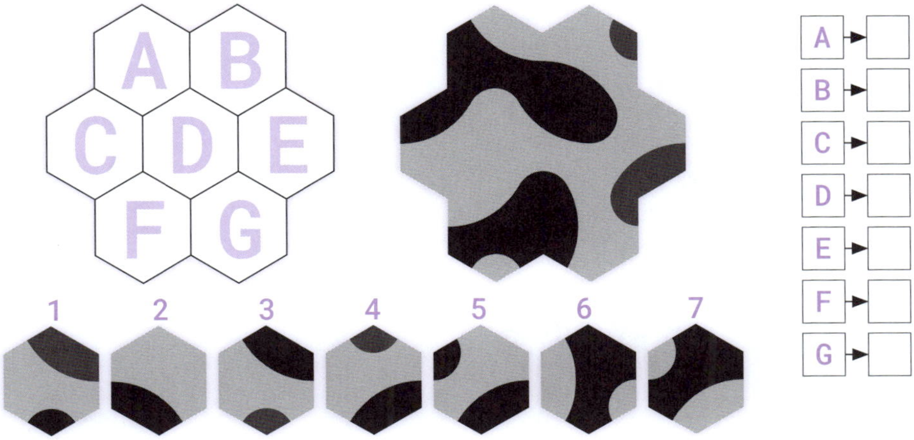

#12

Tu objetivo es establecer la correspondencia de fichas y números y deducir las tres fichas que encajarían en los tres huecos.

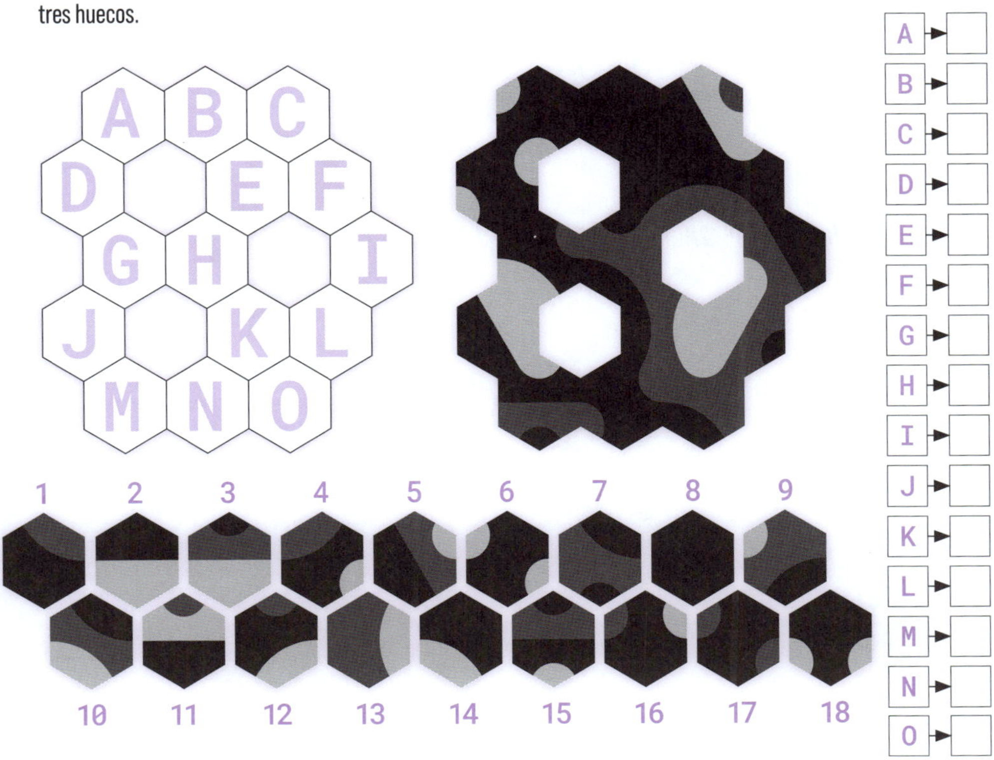

04
ART-hex (soluciones)

#00

La relación de letras a números es la siguiente:
A-7, B-5, C-1, D-6, E-3, F-4, G-2

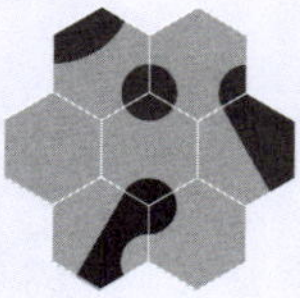

#01

A-5, B-3, C-4, D-7, E-6, F-1, G-2

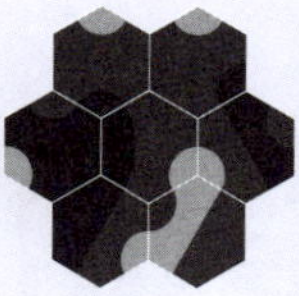

#02

A-12, B-1, C-3, D-6, E-13, F-4, G-2, H-7, I-11, J-5, K-8, L-10, M-14, N-9
Observa que la M es igual que la F y por tanto esa será su forma también, porque se repite.

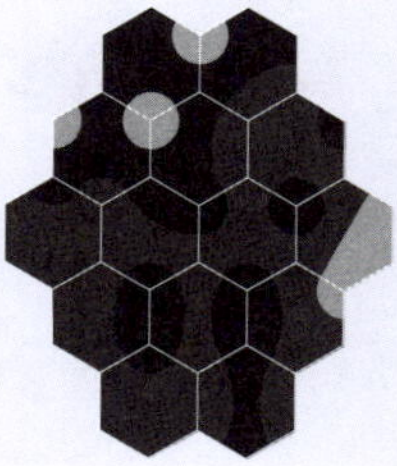

#03

A-7, B-4, C-6, D-5, E-3, F-1, G-2

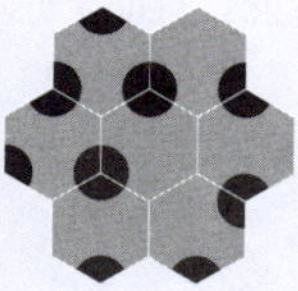

#04

A-10, B-13, C-8, D-1, E-2, F-3, G-12, H-11, I-5, J-6, K-9, L-4, M-14, N-7

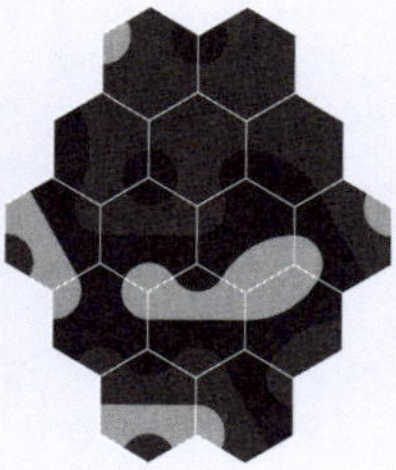

#05

A-5, B-7, C-2, D-3, E-1, F-6, G-4

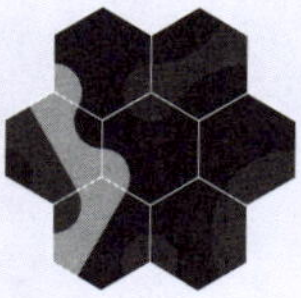

#06

A-2, B-3, C-8, D-4, E-1, F-11, G-10, H-9, I-13, J-5, K-6, L-14, M-7, N-12

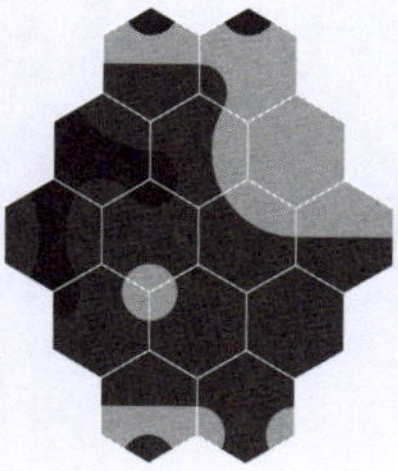

04

ART-hex (soluciones)

#07

A-3, B-4, C-6, D-5, E-2, F-1, G-7

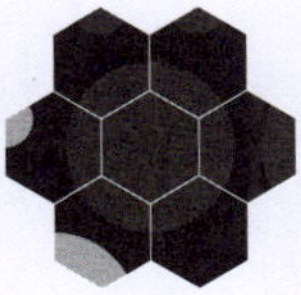

#08

A-11, B-9, C-6, D-3, E-12, F-7, G-13, H-14, I-8, J-2, K-1, L-5, M-10, N-4

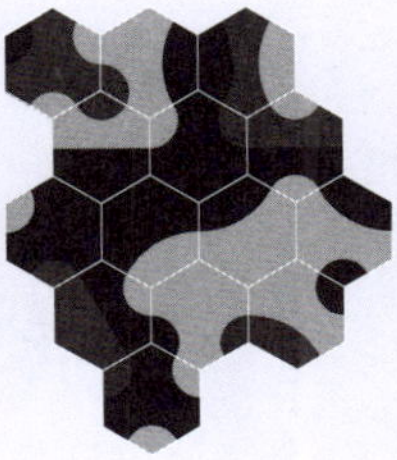

#09

A-4, B-6, C-3, D-2, E-1, F-5, G-7

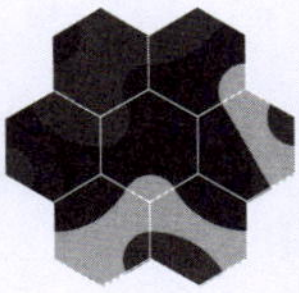

#10

A-13, B-15, C-1, D-3, E-10, F-7, G-12, H-2, I-9, J- 8, K-11, L-6, M-14, N-16, O-5
La ficha que queda (4) encajaría en el hueco.

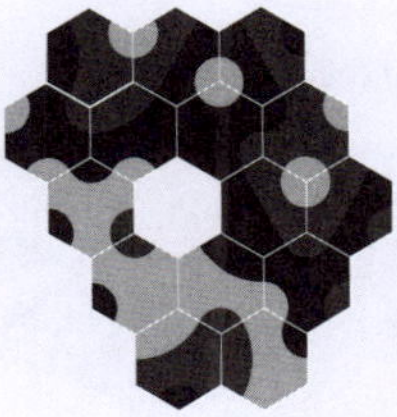

#11

A-7, B-4, C-2, D-5, E-1, F-6, G-3

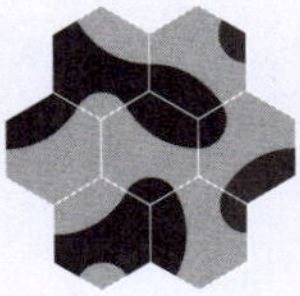

#12

A-18, B-8, C-11, D-6, E-1, F-4, G-12, H-7, I-5, J-2, K-10, L-3, M-15, N-17, O-9
Las tres fichas de los huecos son: 16, 13 y 14.

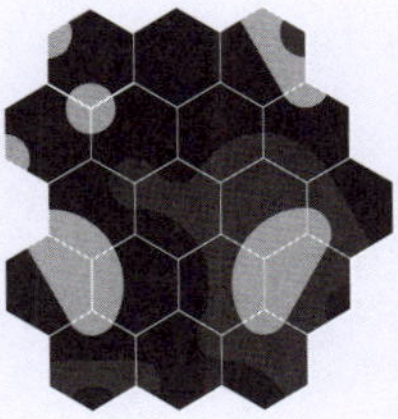

05

LABERINTOS

Lavadero (1928)

Su construcción fue financiada por José B. Sánchez y donado a Boal. En la actualidad es un centro de interpretación de este tipo de obras, abundante en la zona.

Qué es un LABERINTO

Se dice que el primer laberinto fue construido en Creta y esta es su historia muy resumida:

> El laberinto de Creta es un lugar legendario de la mitología griega, construido por el famoso inventor Dédalo por orden del rey Minos. Según la leyenda, el laberinto fue diseñado para encerrar al Minotauro, una criatura mitad hombre y mitad toro. El héroe Teseo logró entrar en el laberinto con la ayuda de la hija de Minos, Ariadna, quien le dio un ovillo de hilo para que pudiera salir una vez que derrotara al Minotauro. Teseo logró vencer a la bestia y encontrar la salida gracias al hilo, escapó junto con Ariadna y regresó a Atenas.

Este laberinto parece que solo tenía como objetivo escapar de él o morir a manos del Minotauro, que estaba en el centro de este, sin embargo, los laberintos más corrientes solo tienen por objetivo entrar por un lado y salir por otro. Su compejidad es lo que establece que haya caminos alternativos que no conducen a ninguna parte, aunque te des cuenta de esta circunstancia más o menos tarde.

Visita el apartado de ejemplos que tenemos en nuestra web: **ijlab.es/pasatiempos/** para descubrir mucho más sobre los laberintos y sus variantes a lo largo del tiempo.

#00

Entra por el círculo negro y encuentra la salida más corta hasta el círculo de color.

Si observas con atención, este es un laberinto que solo tiene un camino para llegar al final, porque cualquier dirección equivocada que tomes te obligará a volver al desvío, cuando descubras que es un callejón sin salida (*cul de sac*, que dirían los franceses) para seguir tu ruta. Vamos, que solo es cuestión de tiempo que llegues hasta el final y eso es lo que ocurrirá en los siguientes laberintos donde trabajarás tu orientación espacial, sobre todo si los recorres mentalmente.

LABERINTOS NUMÉRICOS

En realidad es un laberinto normal en el que tu objetivo es saber cuál es valor de la suma de todos los números que te encuentras en el recorrido, lo que te permitirá practicar el cálculo, que es otra capacidad cerebral.

#01

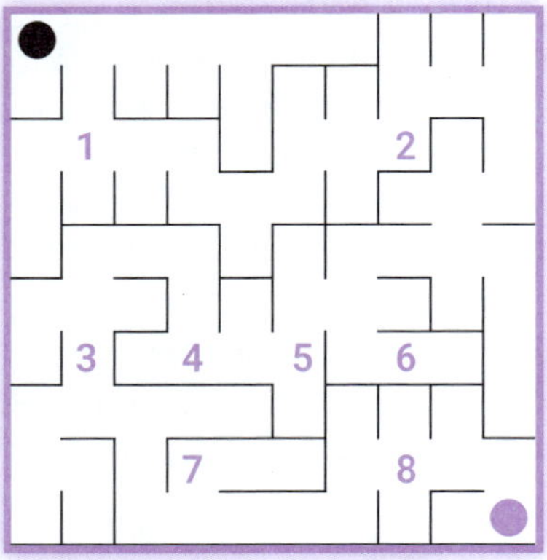

#02

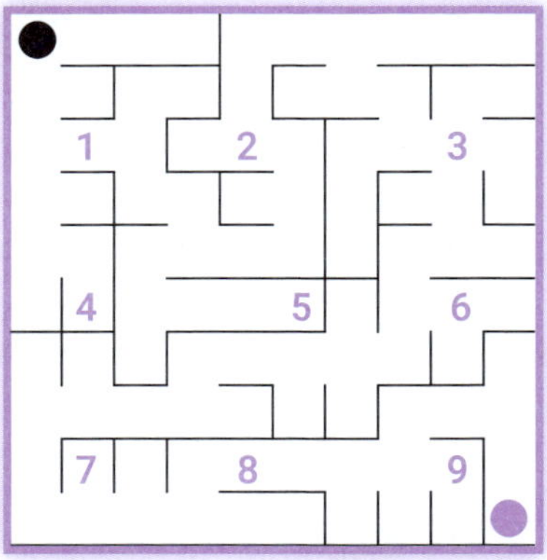

#03

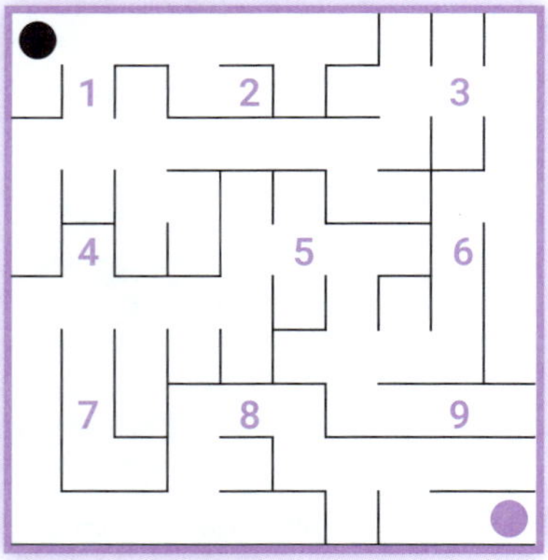

#04

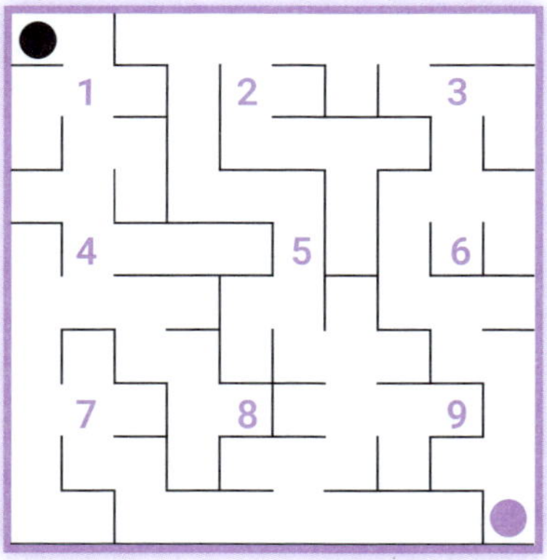

#05

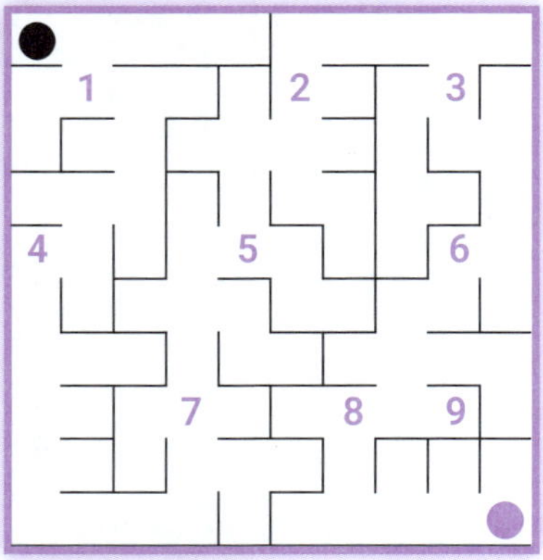

#06

LABERINTOS MENSAJEROS

En este caso debes descubrir la palabra oculta que aparece cuando vas encontrando letras en tu recorrrido. Hay una dificultad añadida porque es posible que la leas al revés.

#07

#08

#09

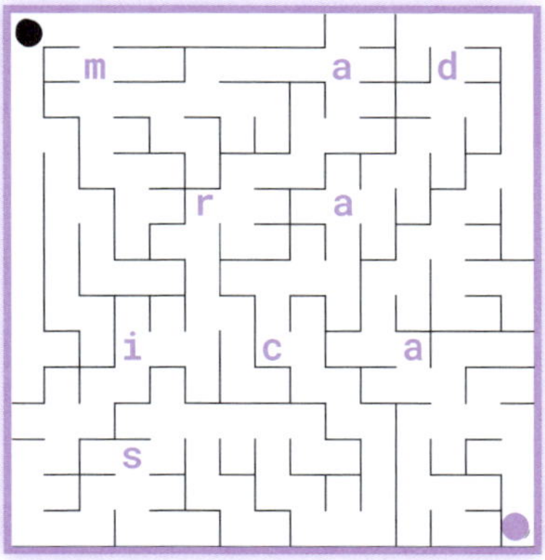

#10

#11

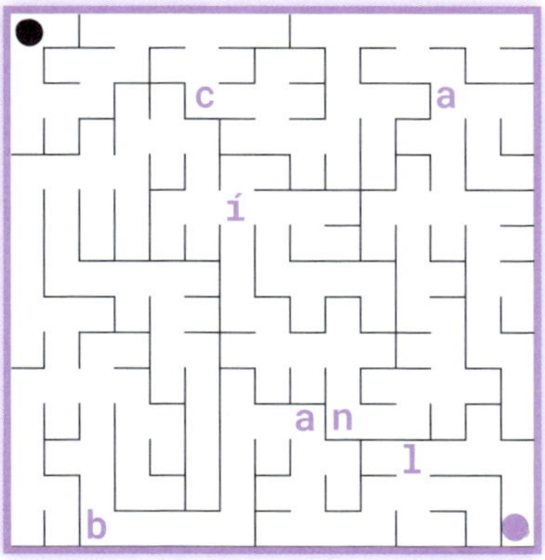

#12

LABERINTOS MENSAJEROS

En este caso tienes un hueco central, pero el objetivo es el mismo: descubrir la palabra oculta que aparece cuando vas encontrando letras en tu recorrrido.

#13

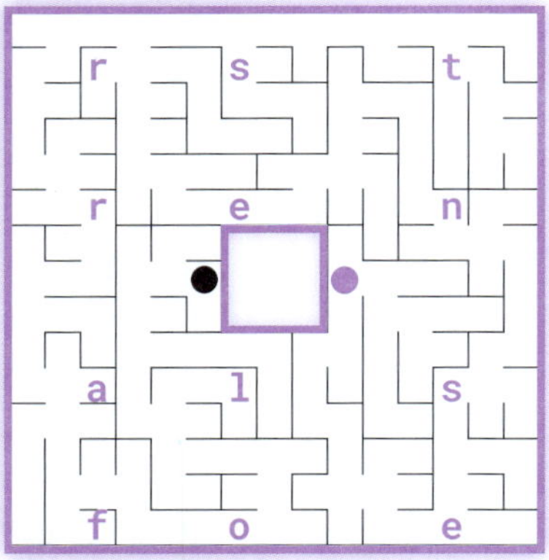

#14

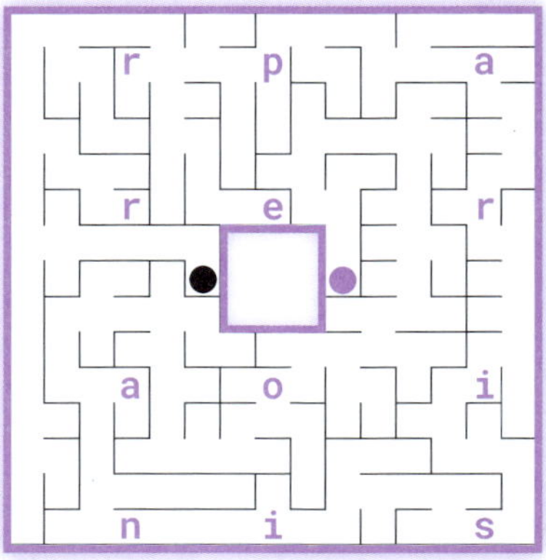

#15

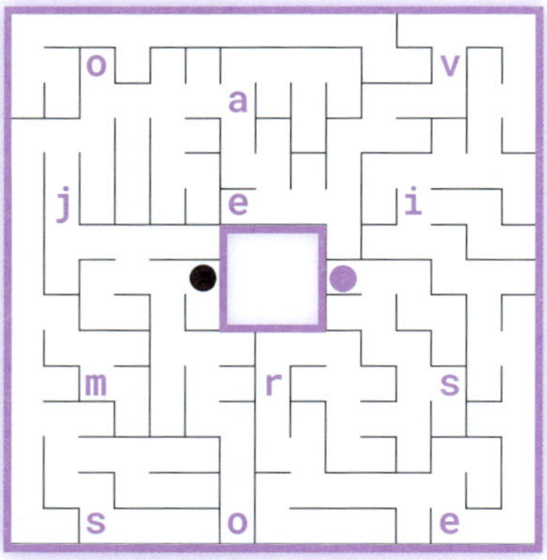

#16

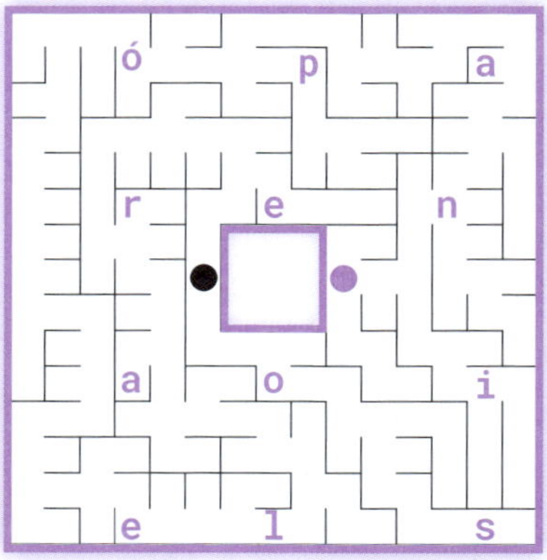

#17

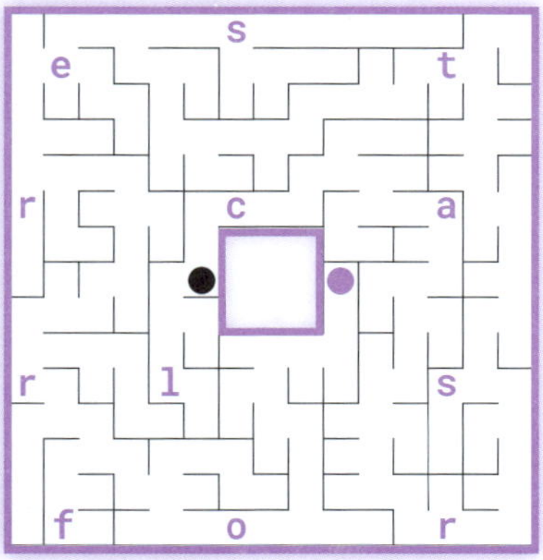

#18

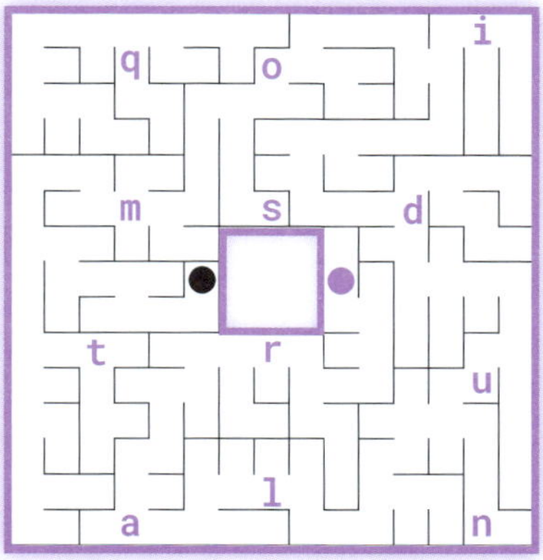

LABERINTOS NUMÉRICOS

Averigua el valor de la suma de todos los números que te encuentras en el recorrido.

#19

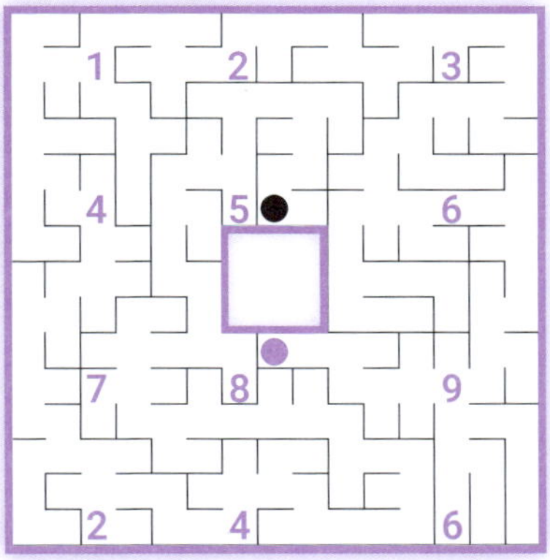

#20

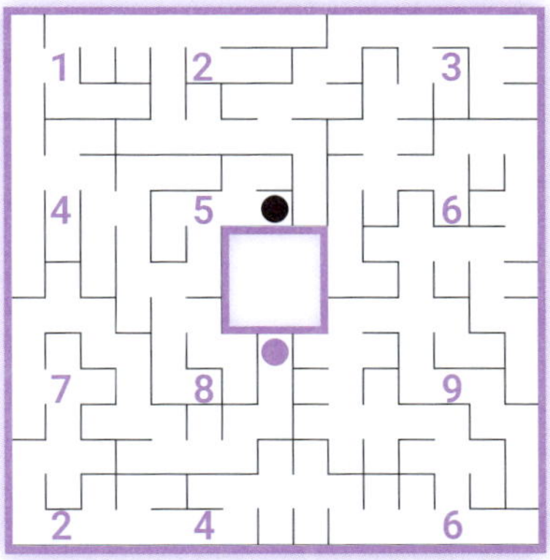

#21

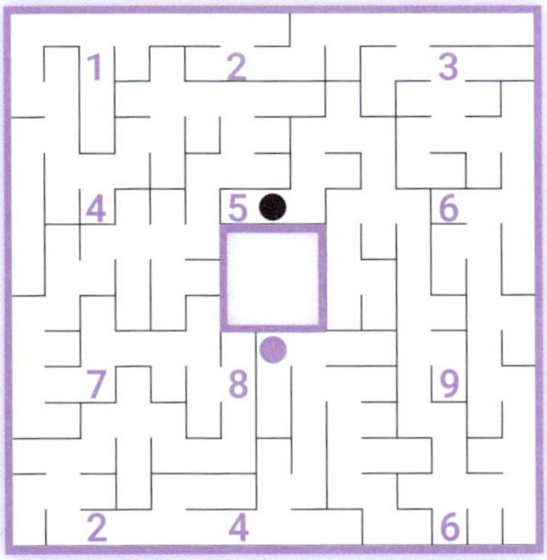

#22

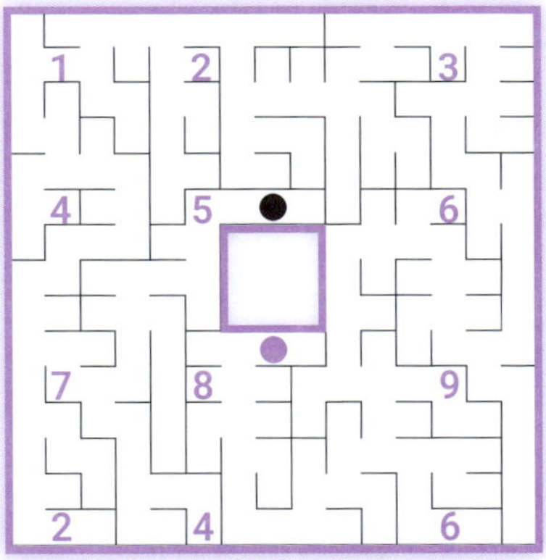

#23

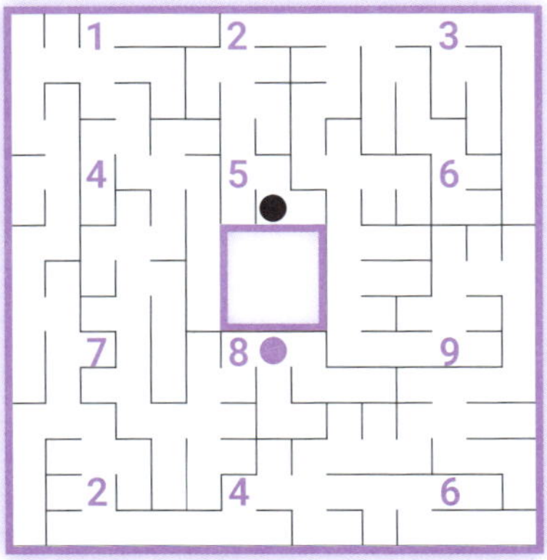

#24

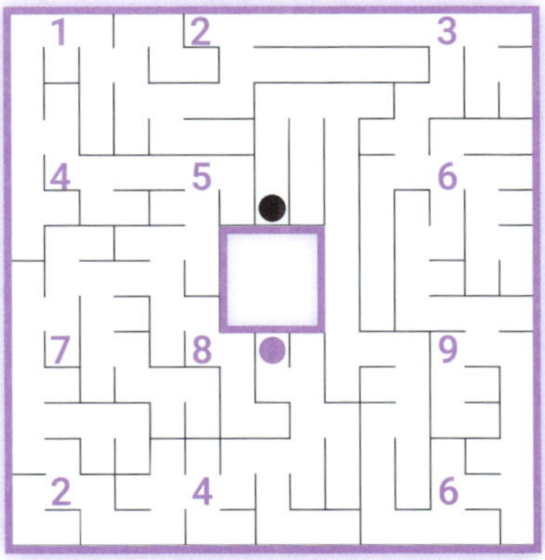

LABERINTOS GIGANTES

El recorrido te va a permitir descubrir la suma de los números por los que pasas en el laberinto superior y una frase en el inferior.

#25

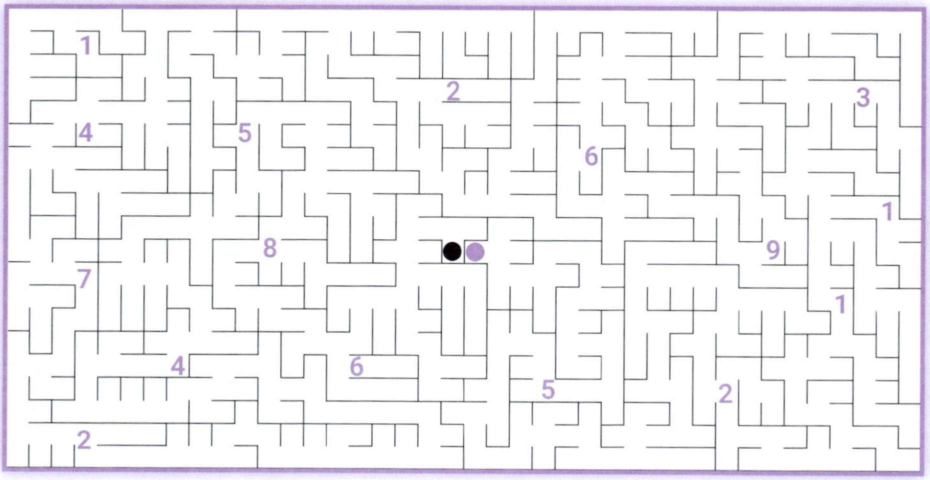

#26

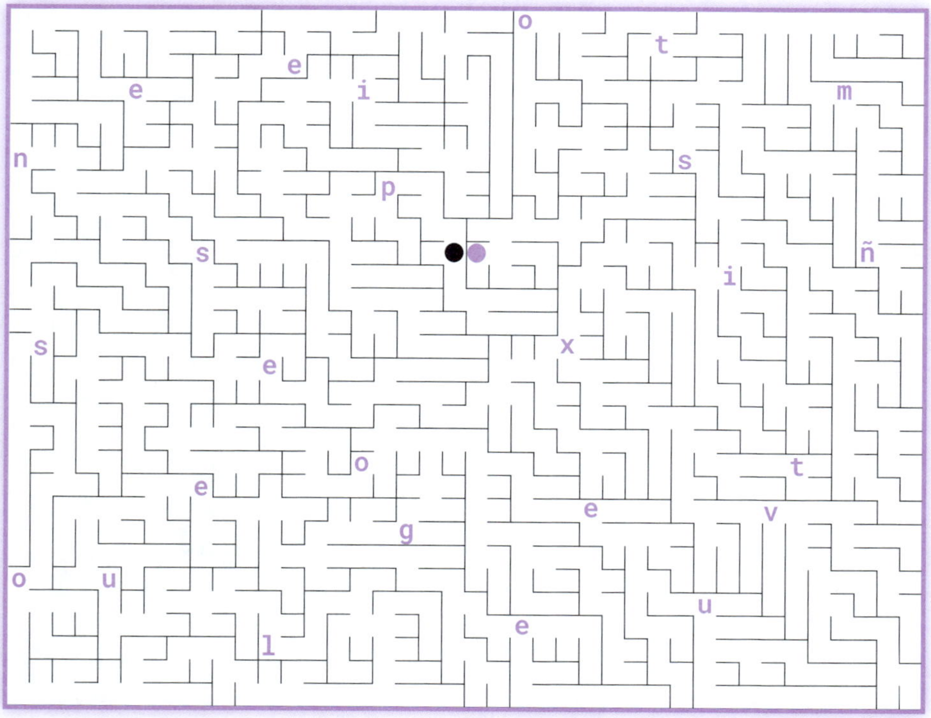

LABERINTOS PINTORES

Estos curiosos laberintos se recorren de una forma peculiar, porque esconden un misterio a descubrir. Para ello accede por la entrada marcada con una flecha y rellena todos los caminos posibles, sin salirte y sin dejar ninguno por pasar. Es como si fuera una **inundación** de tinta desde la entrada, dejando sin rellenar solo los lugares a los que no es posible llegar. Si lo haces correctamente conseguirás ver al final una imagen.

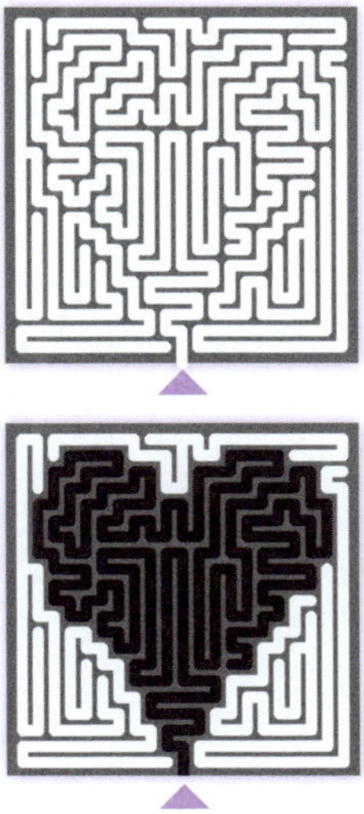

Ejemplo resuelto, para que puedas entender mejor en qué consiste el pasatiempo.

#27

#28

LABERINTOS PINTORES

Recorre, rellena y descubre.

#29

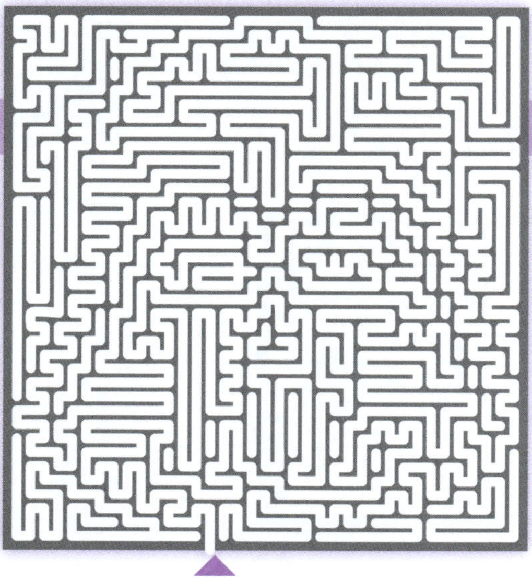

#30

05

LABERINTOS (soluciones)

#01 Suma: **23**

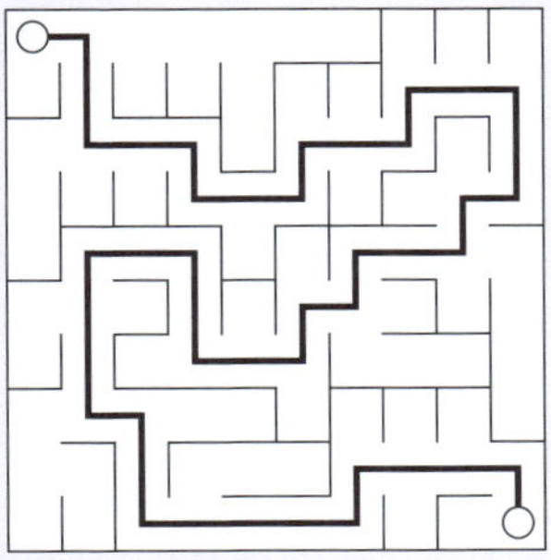

#02 Suma: **14**

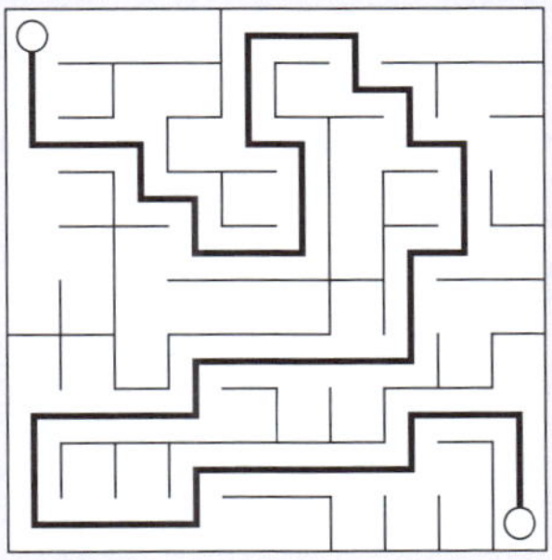

#03 Suma: **23**

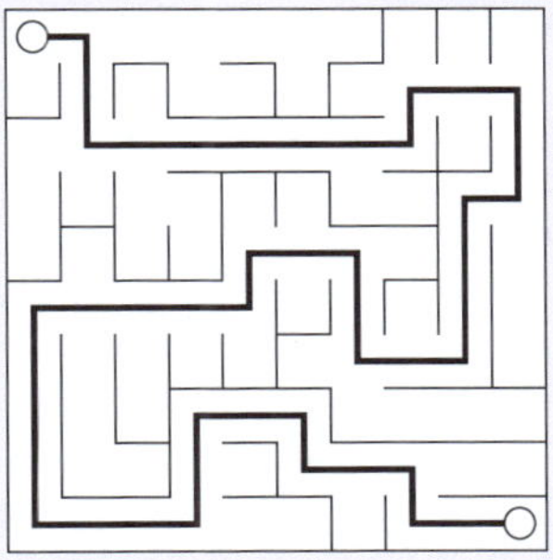

#04 Suma: **20**

#05 Suma: **36**

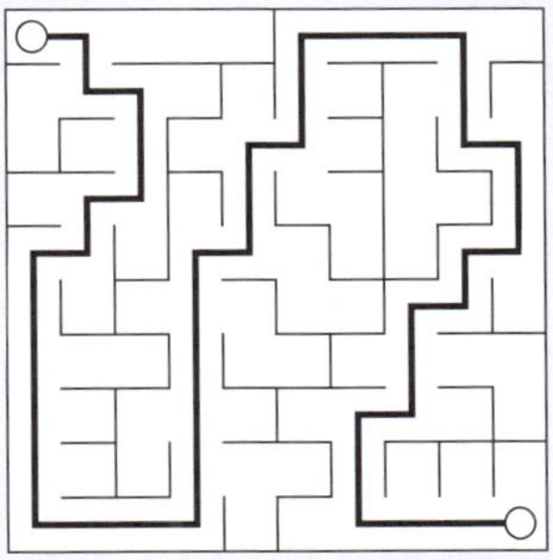

#06 Suma: **40**

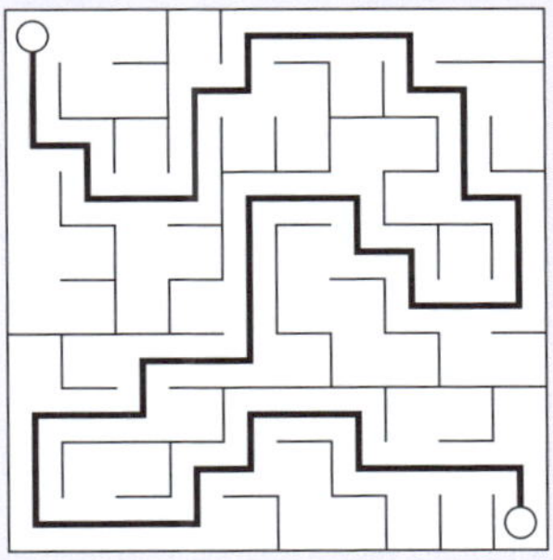

#07 Palabra: **AMIGOS**

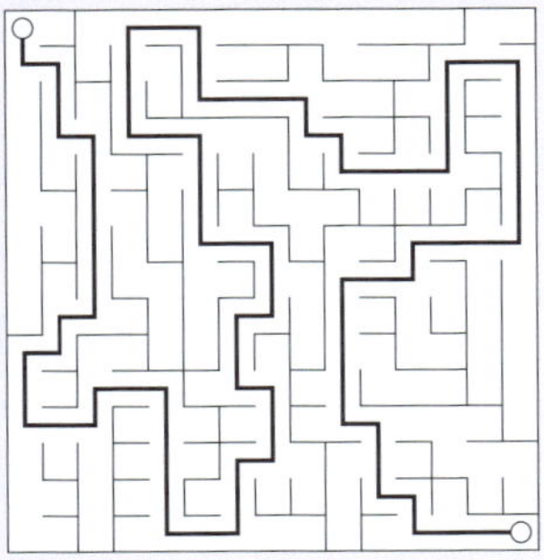

#08 Palabra: **REVUELTO**

#09 Palabra: **MARISCADA**

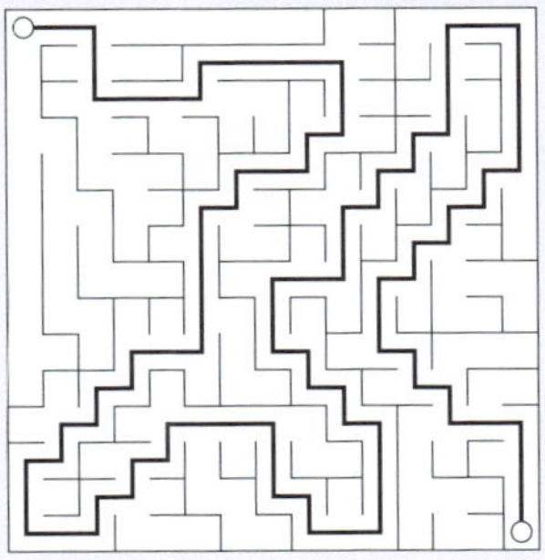

#10 Palabra: **TRABAJO**

#11 Palabra: **CANÍBAL**

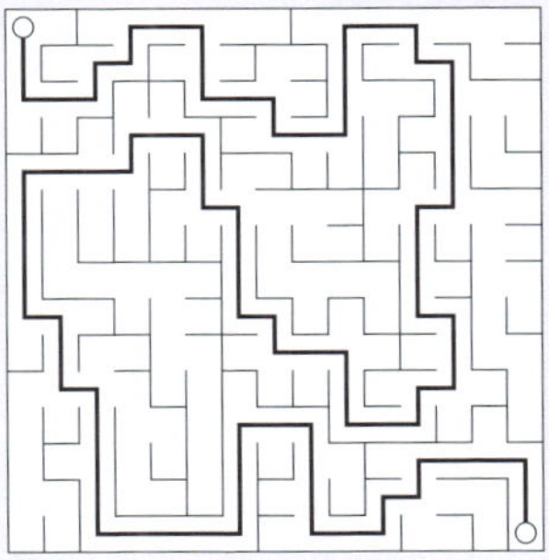

#12 Palabra: **CUESTIÓN**

05

LABERINTOS (soluciones)

#13 Palabra: **ORENSE**

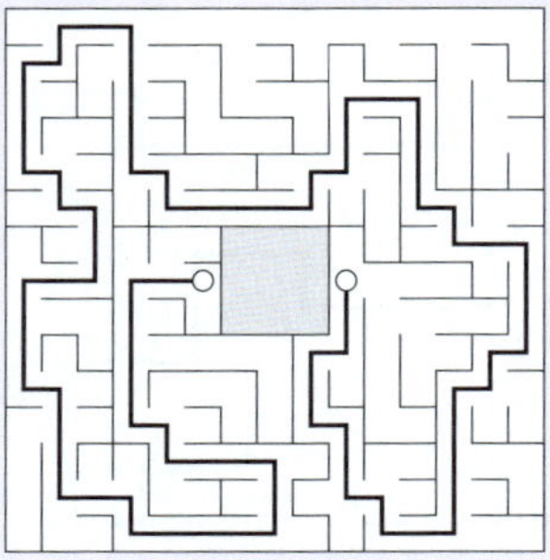

#14 Palabra: **PARISINO**

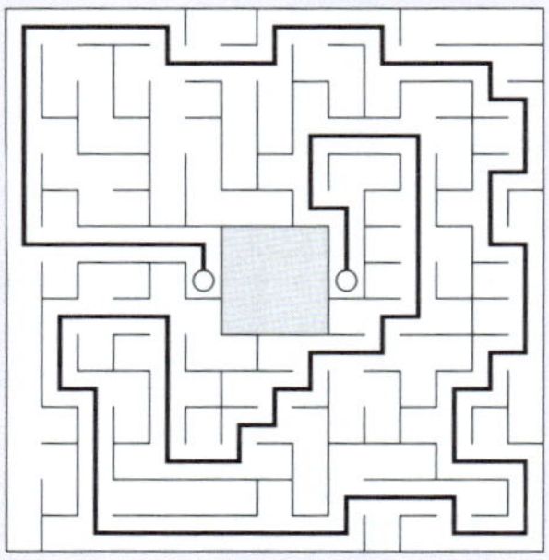

#15 Palabra: **JAVIER**

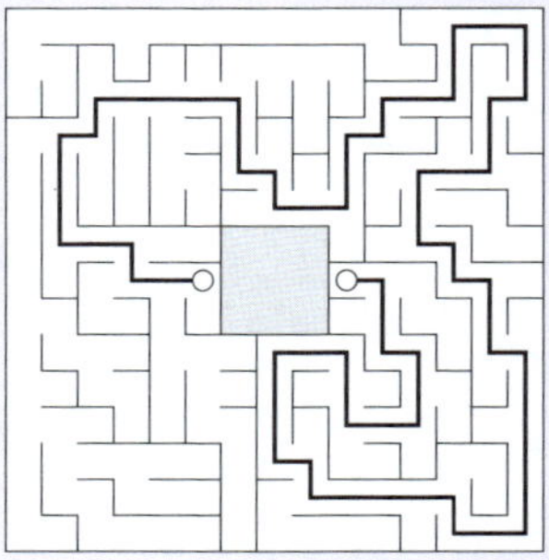

#16 Palabra: **LEÓN**

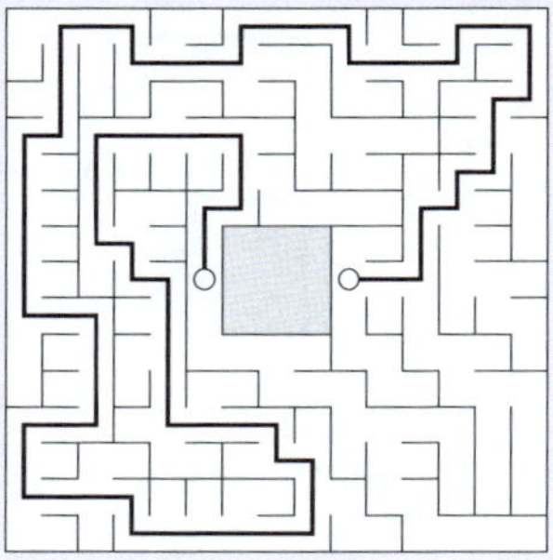

#17 Palabra: **CARTERO**

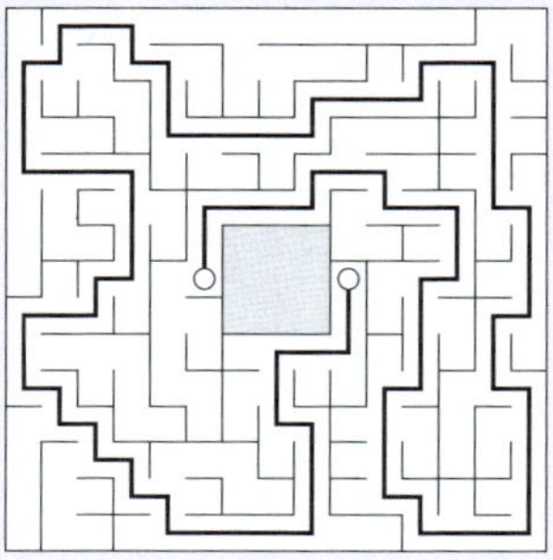

#18 Palabra: **MODULAR**

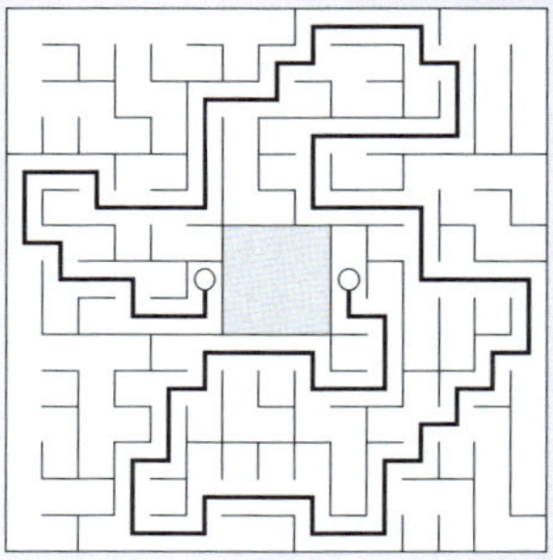

#19 Suma: **26**

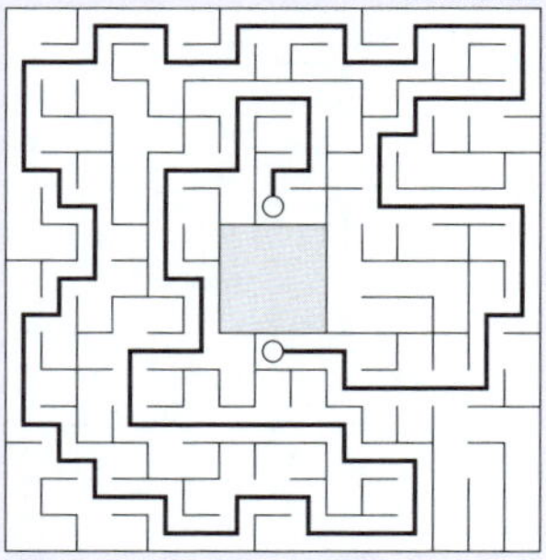

#20 Suma: **25**

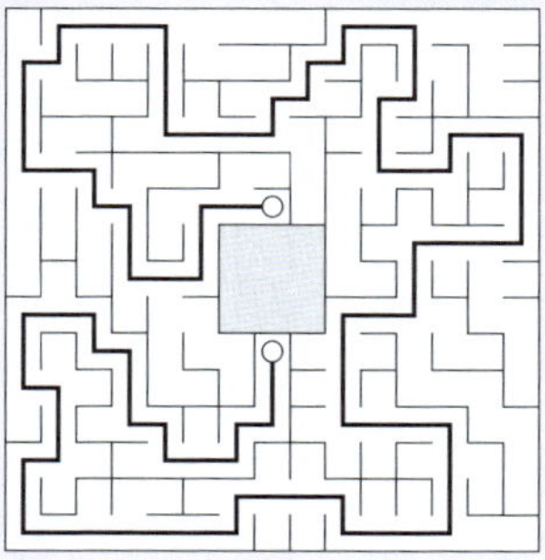

#21 Suma: **26**

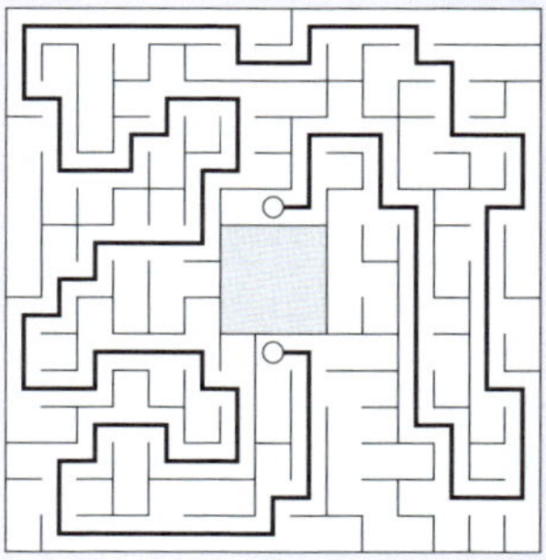

#22 Suma: **13**

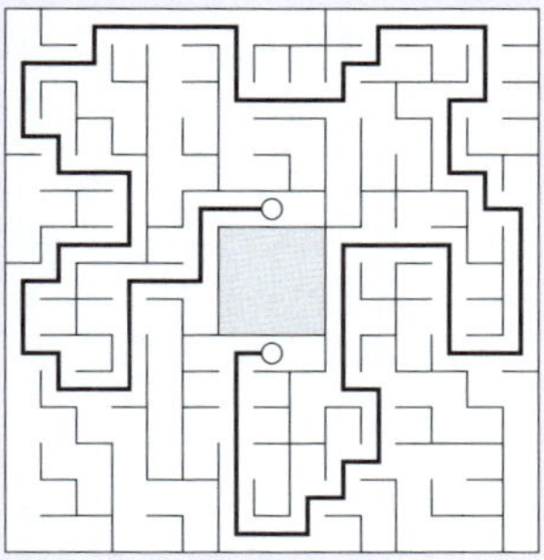

#23 Suma: **30**

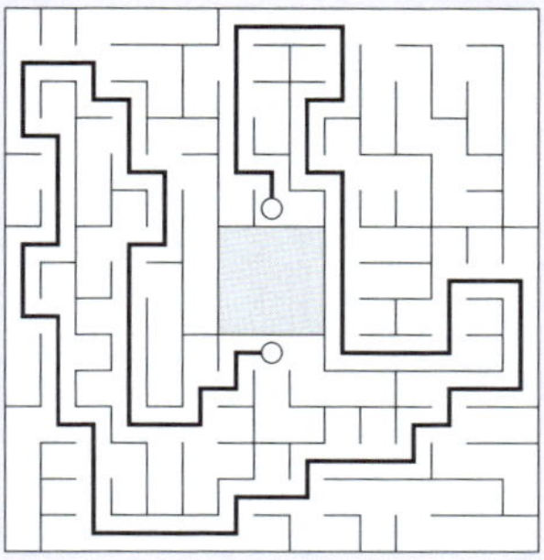

#24 Suma: **31**

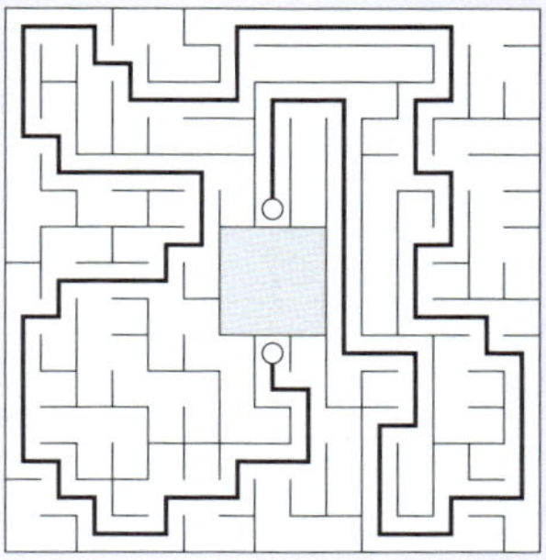

05 LABERINTOS (soluciones)

#25 Suma: **49**

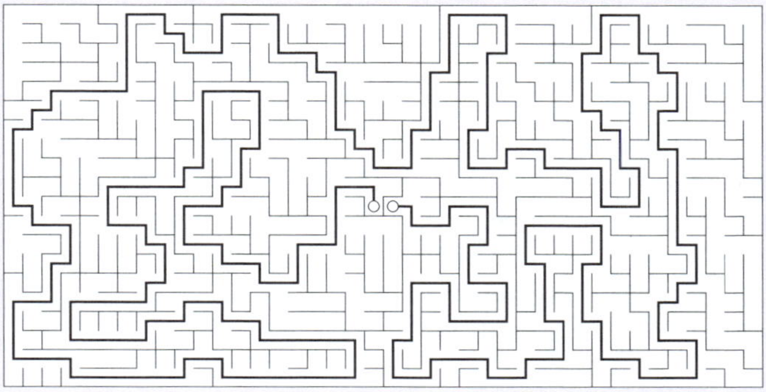

#26 Frase: **PIENSO, LUEGO EXISTO**

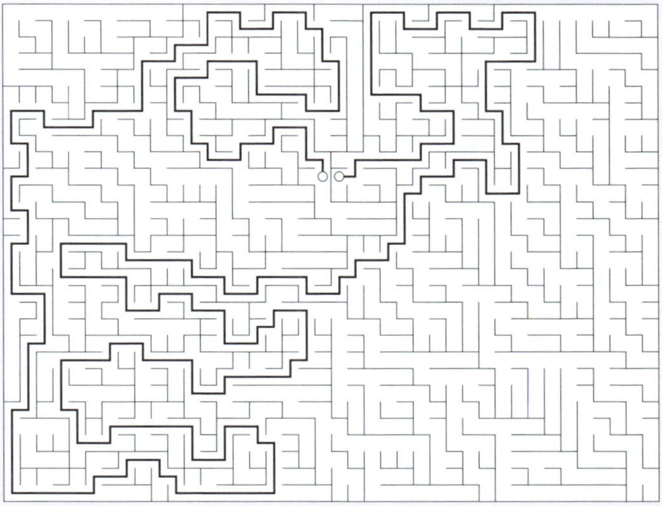

#27

TRÉBOL

#28

DON QUIJOTE Y SANCHO
Basado en un dibujo de
Pablo Ruiz Picasso (1881-1973)

#29

DARTH VADER

#30

MIGUEL DE CERVANTES
Basado en el cuadro de
Juan de Jáuregui (1583-1641)

06

IDEOGRAMAS®

Uno de los pasatiempos más interesantes de entre los diseñados por mí es el ideograma.
El concepto es muy sencillo: tenemos una silueta y sobre ella unas letras que el jugador debe ordenar adecuadamente para descubrir una palabra relacionada con dicha silueta de fondo.
La clave está en que no tiene por qué ser el nombre de lo que el fondo representa, sino que podría ser conceptual a partir de él. Por ejemplo, podemos tener de fondo un candado y sobre él las letras: ADDEGIRSU, que en ese caso no se corresponderían con CANDADO sino con SEGURIDAD.

Escuelas Graduadas (1919-1934)
Financiada por la **Sociedad de Naturales del Concejo de Boal** en **La Habana**, es un edificio muy representativo de la arquitectura escolar asturiana.

Qué son los IDEOGRAMAS

Las instrucciones de este pasatiempo serían:

Combina adecuadamente las letras del ideograma para deducir una palabra relacionada con la silueta sobre la que se encuentra.

Este sencillo planteamiento abre todo un mundo de versiones y variantes, algunas de las cuales puedes verlas a lo largo del capítulo.

#00

En este primer ideograma puedes ver las variantes de visualización que planteamos, lo que implica que su dificultad será mayor o menor. Podemos observar cómo el hueco formado por la cola y el cuerpo de la ardilla podría confundirse con una letra más.

Las 5 versiones muestran diferentes maneras de poner las letras en la silueta, y la 5 es la más complicada.

Versión 1
Sería la más sencilla

Versión 2
Las letras superan la silueta

Versión 3
Las letras se "mezclan" con el fondo

Versión 4
Cambio de tono en los bordes exteriores de las letras

Versión 5
La palabra a descubrir es conceptual y relacionada con la silueta

Comenzamos con algunos ideogramas donde las letras forman una palabra equivalente a la silueta. Podríamos decir que son los más fáciles.

#01

#02

#03

#04

#05

#06

Seguimos con el resto, todos ellos ideogramas conceptuales, es decir, que la palabra a encontrar guarda relación con la silueta de fondo, pero no tiene por qué ser el nombre del objeto en sí. Podría ser quién lo utiliza, para qué sirve, dónde se suele encontrar...

#07

#08

#09

#10

#11

#12

#13

#14

#15

#16

#17

#18

#19

#20

#21

#22

#23

#24

#25

#26

#27

#28

#29

#30

06

IDEOGRAMAS (soluciones)

#00

Los ideogramas del 1 al 4 tienen la misma solución: **ARDILLA**. En el caso del ideograma 5 la silueta es la misma, sin embargo, las letras de su interior compondrían la palabra **BELLOTA**, sin duda el alimento preferido del animal.

#01. **ORQUESTA**

#02. **DENTÍFRICO**

#03. **FLAUTA**

#04. **DETERGENTE**

#05. **TIMBAL**

#06. **TINTERO**

#07. **BELICOSO**

#08. **BOMBERO**

#09. **CAMINANTE**

#10. **CARPINTERO**

#11. **CHAPUZÓN**

#12. **COMPLEMENTO**

#13. **PROTOCOLO**

#14. **EMERGENCIA**

#15. **ESPÍA**

#16. **ROBOT**

#17. **FLAMENCO**

#18. **TOCADISCOS**

#19. **GASOLINERA**

#20. **PERFUME**

#21. **MULTIUSOS**

#22. **MÚSICA**

#23. **NATALIDAD**

#24. **MASCOTA**

#25. **TORMENTA**

#26. **VESTUARIO**

#27. **ALADINO**

#28. **CHARCA**

#29. **VIAJERO**

#30. **VELOCIDAD**

07 CADENAS

Cadenas es uno de los pasatiempos más entretenido de los que yo he practicado, y la verdad es que no soy muy aficionado a jugarlos en general, sino que me gusta más diseñarlos. Digamos que soy más sádico que masoquista, pero este es una excepción y paso un buen rato resolviéndolos.

Monumento a los Emigrantes (2012)
Este precioso monumento de Boal se compone de 5 figuras de bronce, de tamaño natural, apoyadas directamente en el suelo, lo que les da una gran fuerza emotiva al acercarte a ellas y moverte a su alrededor.

07 CADENAS

El objetivo es encontrar las palabras de la lista en el tablero teniendo en cuenta que se leen pasando de una casilla a otra contigua, incluso cambiando de dirección, pero nunca en diagonal, y que ninguna palabra se cruza con otra ni pueden sobrar letras.

Y	E	R	L	I
R	O	L	L	F
E	I	N	A	L
R	R	A	B	A
E	O	T	A	C

Encuentra el nombre de las 5 figuras del ajedrez.

Y	E	R	L	I
R	O	L	L	F
E	I	N	A	L
R	R	A	B	A
E	O	T	A	C

Y	E	R	L	I
R	O	L	L	F
E	I	N	A	L
R	R	A	B	A
E	O	T	A	C

Ejemplo resuelto, con un paso intermedio, para que puedas entender mejor en qué consiste el pasatiempo.

¿Sabías que...

El nombre de este pasatiempo es word search, que también es por el que se conoce a las sopas de letras, por lo que lo hemos bautizado con otro nombre que lo diferencie: **cadenas**.

CONSEJOS para resolver el pasatiempo:

1. Comienza buscando las palabras con letras que sean únicas en la cuadrícula.
2. A partir de esas letras, y según su posición en la palabra, solo tienes que encontrar el recorrido para localizarlas.
3. Puesto que una letra solo puede utilizarse en una sola palabra, hay que tener cuidado con las letras que pueden formar parte de varias palabras, para no bloquear unas a otras.

#00

C	O	O	S	N
B	D	O	R	A
U	I	I	N	G
R	T	Z	Z	I
E	P	E	R	D

BUITRE
CODORNIZ
PERDIZ
GANSO

#01

A	F	A	N	I	V	O
Z	R	A	N	S	A	C
A	G	N	E	C	L	U
B	I	C	J	A	C	R
R	E	O	M	M	U	C
S	E	S	I	N	O	A
A	M	O	A	L	E	N

AZAFRÁN
CANELA
CLAVO
ANÍS
SÉSAMO
JENGIBRE
CÚRCUMA
COMINO

#02

ACEITE
ARROZ
AZÚCAR
GARBANZO

A	G	N	Z	O
R	B	A	R	A
A	A	Z	A	C
R	R	U	C	E
Z	O	E	T	I

#03

O	V	E	D	C
B	A	P	A	O
T	R	C	O	L
E	A	R	M	U
L	U	Z	N	A

BÓVEDA
ARCO
COLUMNA
PARTELUZ

#04

GOLFO
CABO
PENÍNSULA
RÍO
ISLA

O	F	L	B	A
A	L	O	O	C
I	S	G	L	U
O	P	E	A	S
I	R	N	I	N

#05

O	A	O	M	A
V	Z	S	N	L
A	A	T	A	E
L	C	F	R	N
A	Z	A	C	A

CANELA
AZAFRÁN
MOSTAZA
CLAVO

#06

ABEDUL
HAYA
MAGNOLIO
CIRUELO

E	D	A	Y	A
B	U	L	O	H
A	G	N	I	O
M	A	O	L	L
C	I	R	U	E

#07

B	O	B	R	I
B	T	E	K	C
O	T	L	A	T
L	E	L	O	A
A	T	A	R	R

BOTELLA
BRICK
LATA
TARRO
BOTE

#08

ESPADA
PISTOLA
CATANA
NAVAJA

P	T	O	J	A
I	S	L	A	C
E	A	A	V	A
S	D	N	A	T
P	A	A	N	A

#09

A	R	A	N	L
M	A	L	E	U
I	T	L	A	N
B	E	C	P	S
R	O	L	I	E

ECLIPSE
ÓRBITA
LUNA
LLENA
MAR

#10

U	B	R	A	C	R	E
R	C	A	A	D	O	M
A	R	R	R	E	L	B
D	O	T	O	R	E	R
N	T	E	D	A	C	A
A	E	R	A	A	R	G
L	O	V	I	D	E	U

VOLANTE
EMBRAGUE
ACELERADOR
CÁRTER
RADIADOR
CARBURADOR

#11

I	A	S	E	R	O	Z
L	R	F	L	A	B	A
E	R	A	E	A	R	T
S	E	I	N	S	A	O
H	S	V	A	C	I	C
A	I	L	S	A	R	O
W	A	A	M	N	A	S

CANARIAS
AZORES
MALVINAS
BALEARES
HAWÁI
FRAILES
SOCOTRA

#12

N	E	U	R	T	I	V
O	E	V	N	N	E	A
R	O	E	I	T	N	T
A	Y	A	E	O	E	M
A	U	G	B	U	A	R
C	E	R	O	N	N	O
L	L	O	V	I	Z	T

AGUACERO
LLOVIZNA
TORMENTA
TRUENO
VIENTO
NIEVE
NUBE
RAYO

#13

D	O	N	S	P	E	D
A	L	A	E	C	A	T
Z	A	R	A	C	O	R
A	P	E	U	G	N	C
O	A	A	L	M	A	A
T	B	R	L	I	T	R
E	S	E	I	H	E	R

AZADÓN
CARRETILLA
MANGUERA
SETO
PALA
CORTACÉSPED
HIERBA

#14

A	E	B	E	C	A	N
B	G	B	C	R	M	O
M	A	E	P	E	A	R
L	B	R	N	A	V	A
A	E	R	E	C	H	J
N	G	O	J	E	O	A
A	T	S	A	M	L	A

ALMEJA
GAMBA
CAMARÓN
LANGOSTA
PERCEBE
NAVAJA
BERBERECHO

#15

O	N	E	N	O	P	A
F	A	S	P	O	R	J
I	I	T	I	U	T	S
N	L	A	O	G	U	E
E	S	H	G	R	O	N
G	N	U	E	U	S	E
A	R	O	I	N	G	L

ITALIANO
INGLÉS
PORTUGUÉS
FINÉS
HÚNGARO
NORUEGO
JAPONÉS

#16-23

#16

ENERO
ABRIL
MARZO
AGOSTO
MAYO

E	R	Y	A	M
N	O	O	L	I
E	A	G	O	R
R	A	M	S	B
Z	O	O	T	A

#17

CALAMAR
MEJILLÓN
BÍGARO
LAPA

R	A	L	A	C
A	M	A	P	A
E	J	I	L	L
M	N	O	L	O
B	I	G	A	R

#18

BUFANDA
CORBATA
JERSEY
FALDA

J	L	A	F	A
E	D	A	N	D
R	S	B	A	C
Y	E	U	F	O
A	T	A	B	R

#19

PISTOLA
MOLLETE
COLÓN
HOGAZA

M	O	L	L	H
O	N	T	E	O
L	A	E	A	G
O	L	A	Z	P
C	O	T	S	I

#20

CUERDA
CLAVIJA
PUENTE
MÁSTIL

I	L	P	U	E
T	I	J	A	N
S	V	D	A	T
A	A	R	E	E
M	L	C	U	C

#21

IGLÚ
PALAFITO
TIPI
PAZO
YURTA

P	I	Z	O	Y
I	P	A	A	U
T	O	P	T	R
I	T	A	I	U
F	A	L	G	L

#22

CREMA
ALGODÓN
ALCOHOL
JARABE

L	C	O	H	C
A	G	O	O	R
A	L	D	L	E
J	N	O	A	M
A	R	A	B	E

#23

CÓRNEA
UÑA
TÍMPANO
IRIS
OREJA

I	A	J	E	R
R	I	S	O	O
E	A	T	N	A
N	C	I	M	P
R	O	A	Ñ	U

#24-29

#24

E	O	F	E	T	E	N
U	Q	A	L	M	E	A
Y	O	R	E	E	R	U
A	J	E	V	S	B	J
M	A	R	N	A	O	S
A	N	G	A	Q	N	T
C	E	T	E	U	I	R

CANGREJA
FOQUE
VELA
JUANETE
SOBREMESANA
MAYOR
TRINQUETE

#25

R	T	A	R	D	O	C
O	U	G	I	L	O	O
T	L	A	M	A	C	C
C	E	O	N	S	A	L
A	O	T	R	A	L	A
I	M	S	A	G	A	M
N	A	E	U	Q	N	A

CAIMÁN
COCODRILO
LAGARTO
CAMALEÓN
TORTUGA
SALAMANQUESA

#26

I	Z	A	L	T	U	R
R	T	A	O	C	T	A
A	R	I	D	E	A	E
H	U	T	A	M	R	D
C	N	A	N	G	O	R
E	T	A	C	E	O	A
T	O	E	T	N	I	D

ALTURA
ANCHURA
RADIO
CATETO
TANGENTE
MEDIATRIZ
OCTAEDRO

#27

D	E	M	O	R	A	D
R	E	C	S	I	A	O
O	V	U	E	A	L	O
C	N	F	R	T	E	I
L	A	O	C	L	O	V
B	A	R	I	L	A	J
A	M	N	A	R	A	N

AMARILLO
BLANCO
FUCSIA
MORADO
NARANJA
OCRE
VIOLETA
VERDE

#28

I	R	T	A	T	P	S
G	C	E	N	L	E	E
O	A	M	T	E	N	O
E	V	A	I	Z	C	A
N	A	D	A	B	E	R
Z	L	A	O	Z	O	R
A	O	C	G	R	O	S

ARROZ
AVENA
CEBADA
CENTENO
ESPELTA
MAÍZ
TRIGO
COLZA
SORGO

#29

R	U	T	O	L	I	O
M	O	N	C	L	G	T
A	L	I	X	A	N	I
C	I	B	A	T	A	T
I	N	A	C	H	A	S
N	A	Z	A	E	M	I
A	B	R	I	O	A	T

AMATISTA
AZABACHE
CINABRIO
LIGNITO
ÓNIX
TURMALINA
TALCO

#30

U	J	L	G	I	A	Y	U	N	T
Z	G	E	L	D	N	E	I	T	A
D	A	S	A	A	S	O	H	I	M
O	A	I	T	I	P	T	N	E	C
F	S	A	C	O	H	O	E	L	O
A	I	L	E	T	O	I	G	O	P
R	N	O	N	Ó	O	A	E	R	U
M	E	S	C	I	R	T	A	R	E
A	A	T	A	T	O	T	E	T	O
C	I	A	C	E	I	L	B	I	B

AEROPUERTO
AYUNTAMIENTO
BIBLIOTECA
CASINO
COLEGIO
ESTACIÓN
FARMACIA
HOSPITAL
HOTEL
JUZGADO
TEATRO
TIENDA
IGLESIA

#31

O	R	A	D	O	R	R	A	D	O
D	A	C	I	P	A	I	P	A	R
A	A	R	E	S	O	T	S	S	M
T	A	C	V	E	N	A	A	A	I
S	R	A	P	L	A	L	P	D	C
O	E	F	H	C	N	V	A	N	R
T	T	E	A	R	O	A	L	O	O
A	R	O	T	A	D	E	T	N	O
R	O	B	C	I	A	L	E	V	I
O	D	A	U	L	V	A	L	I	S

ASPIRADORA
CAFETERA
NEVERA
LAVADORA
LAVAPLATOS
LICUADORA
MICROONDAS
PICADORA
PLANCHA
ROBOT
TELEVISIÓN
TOSTADORA

#32

A	I	A	M	R	I	B	S	A	F
A	N	N	O	N	I	L	I	N	I
D	A	I	K	A	B	I	P	I	L
R	O	J	U	N	A	S	E	L	Y
N	A	A	W	J	T	R	A	P	E
I	T	I	P	A	S	I	K	A	M
H	G	N	O	N	A	I	M	N	E
C	A	I	S	S	I	R	A	L	A
A	P	U	R	I	A	T	N	I	S
I	D	N	A	L	A	I	D	A	I

BIRMANIA
CHINA
FILIPINAS
INDIA
ISRAEL
JAPÓN
JORDANIA
KUWAIT
LÍBANO
MALASIA
PAKISTÁN
SINGAPUR
SIRIA
TAILANDIA
YEMEN

#33

L	O	N	K	A	R	N	A	T	V
T	A	I	R	E	A	N	C	A	O
O	A	T	T	J	T	O	I	L	L
M	P	I	N	A	E	L	F	O	E
S	N	B	O	O	G	O	L	B	I
I	O	Y	X	E	S	B	O	B	T
T	T	E	B	E	I	I	C	O	U
E	N	K	C	H	I	P	A	L	F
L	I	M	O	H	T	O	B	A	L
T	A	D	A	B	S	E	C	N	O

ATLETISMO
BÁDMINTON
BALONCESTO
BÉISBOL
BOXEO
FÚTBOL
GOLF
HÍPICA
HOCKEY
KÁRATE
NATACIÓN
PATINAJE
TRIATLÓN
VOLEIBOL

CADENAS más difíciles e imaginativas

Este pasatiempo es una especie de variante de sopa de letras en la que las palabras hay que encontrarlas sabiendo que comienzan en una determinada casilla, a veces marcada con un número para ver su referencia o una definición, incluso sin dar la lista, para que el jugador las busque.

Las palabras se escriben cambiando de dirección según se pasa de una casilla a otra contigua, pero nunca en diagonal, y ninguna se cruza con otra. No pueden sobrar letras.

#34 Ciudades españolas

En este pasatiempo debes encontrar 38 ciudades españolas de las que no te damos la lista, porque suponemos que las conoces de sobra. Te marcamos una de ellas para que entiendas mejor cómo son las localizaciones y, de paso, para que sepas por dónde empezar. Te damos una lista de algunas matrículas y tu objetivo es poner a su lado el número que le corresponde en el tablero.

S	O	G	R	U	T	O	L	E	D	O	1	Z	A	G
G	U	A	D	B	2	A	I	3	S	E	G	A	R	O
4	5	S	A	6	M	E	R	7	P	A	O	8	C	Z
9	N	A	L	A	L	A	10	L	P	M	V	I	A	A
H	T	A	N	J	A	R	A	O	N	A	11	A	D	I
U	E	S	D	E	R	12	G	R	A	N	M	A	L	Z
13	A	C	A	L	E	14	B	O	Z	A	D	G	A	15
A	L	16	V	17	N	18	A	J	19	S	A	A	R	O
E	I	R	E	G	C	L	D	A	R	O	Z	20	E	N
T	C	O	21	A	I	E	A	L	I	M	A	22	E	S
N	A	N	C	A	I	R	23	I	A	O	R	P	A	24
25	O	A	U	C	D	U	M	V	E	U	A	E	L	C
P	G	U	E	N	A	R	26	A	L	H	27	N	28	A
O	A	L	29	T	30	C	31	A	V	A	I	C	C	S
N	C	N	32	E	A	I	S	E	B	O	D	R	O	T
T	M	A	S	R	33	V	A	V	A	N	O	L	L	E
E	A	L	A	U	E	L	L	I	L	L	A	34	35	M
V	36	O	V	I	L	A	D	I	D	A	L	R	D	A
E	D	E	A	E	D	O	O	L	37	C	B	I	D	E
A	R	N	J	38	S	E	R	E	C	A	A	C	E	T

LA LISTA

GR →	
GU →	
SO →	
M →	
PO →	
AV →	26
BA →	
MA →	
CO →	
Z →	
BU →	
TE →	
SE →	
CU →	

¿Cuánto suman los valores de las matrículas andaluzas de la lista?

#35 Elementos químicos

En este pasatiempo debes encontrar 49 elementos químicos. No te damos la lista, porque suponemos que las conoces de sobra, pero por si acaso no es así te damos sus símbolos.

Te marcamos una de las palabras para que entiendas mejor cómo son las localizaciones y, de paso, para que sepas por dónde empezar.

T	L	A	B	O	C	F	L	U	O	I	D	O	S	O
O	O	I	C	E	N	O	R	O	E	R	F	L	O	R
O	E	R	E	X	O	N	I	N	R	A	U	C	I	D
D	R	B	O	R	I	O	C	E	S	A	Z	O	O	A
O	C	O	I	A	O	I	S	E	L	U	M	I	A	L
I	A	L	C	B	N	I	O	C	A	H	I	N	P	O
O	C	O	I	N	E	T	O	R	O	I	O	G	E	I
R	S	O	F	E	R	U	T	A	B	D	R	I	N	M
O	F	O	R	L	E	N	I	L	P	N	I	R	O	S
A	M	I	R	O	S	O	B	R	E	R	T	I	N	O
R	O	O	E	N	E	O	I	E	G	O	N	D	O	G
F	I	N	I	H	G	O	I	N	O	V	I	I	O	R
L	C	O	O	I	I	X	R	T	I	A	O	N	E	A
O	R	I	Z	L	E	O	O	I	S	N	B	I	O	N
W	O	M	A	G	H	I	L	T	A	A	D	O	O	E
O	I	D	N	N	E	C	I	O	P	G	I	O	I	S
I	O	M	I	E	S	N	S	Y	R	A	R	U	D	T
T	I	O	R	O	I	O	T	P	K	L	Z	B	I	A
A	L	P	C	O	I	D	O	R	O	I	I	N	C	Ñ
T	A	L	O	M	O	R	B	L	E	U	Q	I	N	O

Ag
Al
Ar
As
B
Ba
Br
Ca
Ce
Cl
Co
Cr
Cs
Cu
Er
F
Fe
He
He
I
In
K
Kr
Li
Mg
N
Na
Nb
Ne
Ni
O
Os
P
Pd
Pt
Ra
Rb
Rh
Ru
S
Se
Si
Sn
V
W
Xe
Y
Zn
Zr

#36 Números

En este pasatiempo debes encontrar los 53 números de la lista de la derecha.

Es un objetivo realmente difícil porque enseguida comprobarás que todo se mezcla. Te aconsejamos que vayas tachando los que vas encontrando.

Te hemos marcado el dígito de comienzo y de final de cada número de la lista y te damos uno ya marcado para que entiendas mejor el pasatiempo.

2	8	1	3	1	8	1	0	4	8	2	4	9	2	1
4	8	3	9	9	9	8	3	5	9	8	7	9	9	2
8	0	3	6	2	2	1	9	8	7	3	5	3	8	4
7	2	3	8	1	7	4	9	3	1	2	6	4	2	6
3	2	0	3	4	4	5	9	8	7	9	4	3	8	5
3	9	3	1	7	7	9	4	3	3	1	1	0	6	4
9	8	6	4	1	8	8	1	1	1	7	4	6	3	7
1	0	2	2	5	7	4	9	2	3	3	0	1	0	1
8	8	8	1	5	9	1	3	2	0	2	5	2	3	8
3	8	7	3	8	4	8	3	6	3	2	0	2	4	6
5	2	2	9	9	2	2	4	1	1	1	1	5	9	1
3	6	3	2	2	7	3	3	2	2	5	4	3	5	9
0	0	9	0	5	3	0	5	5	8	9	3	8	3	3
0	0	3	0	2	1	1	3	2	2	0	4	5	6	2
6	6	8	4	4	8	7	0	6	6	4	2	3	8	2
7	2	3	3	4	3	2	2	9	1	2	2	5	8	6
1	7	7	8	1	6	4	4	9	7	9	6	9	0	0
2	8	8	2	7	2	7	2	9	6	7	1	2	3	7
9	4	0	3	1	0	6	1	4	0	9	2	4	7	4
4	9	2	2	9	6	1	8	4	5	6	9	5	3	2

21294
26921
28429
32589
35381
37352
37474
48287
54193
54359
60192
76184
78894
79242
80893
85514
90293
91394

105343
111746
122631
139922
~~147747~~
174601
176092
187066
189810
194642
204344
204383
217600
221111
223050
235399
235965
236442
260088
263032
271823
278873
299941
301225
303368
322878
326535
371795
378428
380229
385648
386006
386491
389938
402949

07

CADENAS (soluciones)

#00

C	O	O	S	N
B	D	O	R	A
U	I	I	N	G
R	T	Z	Z	I
E	P	E	R	D

#01

A	F	A	N	I	V	O
Z	R	A	N	S	A	C
A	G	N	E	C	L	U
B	I	C	J	A	C	R
R	E	O	M	M	U	C
S	E	S	I	N	O	A
A	M	O	A	L	E	N

#02

A	G	N	Z	O
R	B	A	R	A
A	A	Z	A	C
R	R	U	C	E
Z	O	E	T	I

#03

O	V	E	D	C
B	A	P	A	O
T	R	C	O	L
E	A	R	M	U
L	U	Z	N	A

#04

O	F	L	B	A
A	L	O	O	C
I	S	G	L	U
O	P	E	A	S
I	R	N	I	N

#05

O	A	O	M	A
V	Z	S	N	L
A	A	T	A	E
L	C	F	R	N
A	Z	A	C	A

#06

E	D	A	Y	A
B	U	L	O	H
A	G	N	I	O
M	A	O	L	L
C	I	R	U	E

#07

B	O	B	R	I
B	T	E	K	C
O	T	L	A	T
L	E	L	O	A
A	T	A	R	R

#08

P	T	O	J	A
I	S	L	A	C
E	A	A	V	A
S	D	N	A	T
P	A	A	N	A

#09

A	R	A	N	L
M	A	L	E	U
I	T	L	A	N
B	E	C	P	S
R	O	L	I	E

#10

U	B	R	A	C	R	E
R	C	A	A	D	O	M
A	R	R	R	E	L	B
D	O	T	O	R	E	R
N	T	E	D	A	C	A
A	E	R	A	A	R	G
L	O	V	I	D	E	U

#11

I	A	S	E	R	O	Z
L	R	F	L	A	B	A
E	R	A	E	A	R	T
S	E	I	N	S	A	O
H	S	V	A	C	I	C
A	I	L	S	A	R	O
W	A	A	M	N	A	S

#12

N	E	U	R	T	I	V
O	E	V	N	N	E	A
R	O	E	I	T	N	T
A	Y	A	E	O	E	M
A	U	G	B	U	A	R
C	E	R	O	N	N	O
L	L	O	V	I	Z	T

#13

D	O	N	S	P	E	D
A	L	A	E	C	A	T
Z	A	R	A	C	O	R
A	P	E	U	G	N	C
O	A	A	L	M	A	A
T	B	R	L	I	T	R
E	S	E	I	H	E	R

#14

A	E	B	E	C	A	N
B	G	B	C	R	M	O
M	A	E	P	E	A	R
L	B	R	N	A	V	A
A	E	R	E	C	H	J
N	G	O	J	E	O	A
A	T	S	A	M	L	A

#15

O	N	E	N	O	P	A
F	A	S	P	O	R	J
I	I	T	I	U	T	S
N	L	A	O	G	U	E
E	S	H	G	R	O	N
G	N	U	E	U	S	E
A	R	O	I	N	G	L

#16

E	R	Y	A	M
N	O	O	L	I
E	A	G	O	R
R	A	M	S	B
Z	O	O	T	A

CADENAS (soluciones)

07

#17

R	A	L	A	C
A	M	A	P	A
E	J	I	L	L
M	N	O	L	O
B	I	G	A	R

#18

J	L	A	F	A
E	D	A	N	D
R	S	B	A	C
Y	E	U	F	O
A	T	A	B	R

#19

M	O	L	L	H
O	N	T	E	O
L	A	E	A	G
O	L	A	Z	P
C	O	T	S	I

#20

I	L	P	U	E
T	I	J	A	N
S	V	D	A	T
A	A	R	E	E
M	L	C	U	C

#21

P	I	Z	O	Y
I	P	A	A	U
T	O	P	T	R
I	T	A	I	U
F	A	L	G	L

#22

L	C	O	H	C
A	G	O	O	R
A	L	D	L	E
J	N	O	A	M
A	R	A	B	E

#23

I	A	J	E	R
R	I	S	O	O
E	A	T	N	A
N	C	I	M	P
R	O	A	Ñ	U

#24

E	O	F	E	T	E	N
U	Q	A	L	M	E	A
Y	O	R	E	E	R	U
A	J	E	V	S	B	J
M	A	R	N	A	O	S
A	N	G	A	Q	N	T
C	E	T	E	U	I	R

#25

R	T	A	R	D	O	C
O	U	G	I	L	O	O
T	L	A	M	A	C	C
C	E	O	N	S	A	L
A	O	T	R	A	L	A
I	M	S	A	G	A	M
N	A	E	U	Q	N	A

#26

I	Z	A	L	T	U	R
R	T	A	O	C	T	A
A	R	I	D	E	A	E
H	U	T	A	M	R	D
C	N	A	N	G	O	R
E	T	A	C	E	O	A
T	O	E	T	N	I	D

#27

D	E	M	O	R	A	D
R	E	C	S	I	A	O
O	V	U	E	A	L	O
C	N	F	R	T	E	I
L	A	O	C	L	O	V
B	A	R	I	L	A	J
A	M	N	A	R	A	N

#28

I	R	T	A	T	P	S
G	C	E	N	L	E	E
O	A	M	T	E	N	O
E	V	A	I	Z	C	A
N	A	D	A	B	E	R
Z	L	A	O	Z	O	R
A	O	C	G	R	O	S

#29

R	U	T	O	L	I	O
M	O	N	C	L	G	T
A	L	I	X	A	N	I
C	I	B	A	T	A	T
I	N	A	C	H	A	S
N	A	Z	A	E	M	I
A	B	R	I	O	A	T

#30

U	J	L	G	I	A	Y	U	N	T
Z	G	E	L	D	N	E	I	T	A
D	A	S	A	A	S	O	H	I	M
O	A	I	T	I	P	T	N	E	C
F	S	A	C	O	H	O	E	L	O
A	I	L	E	T	O	I	G	O	P
R	N	O	N	Ó	O	A	E	R	U
M	E	S	C	I	R	T	A	R	E
A	A	T	A	T	O	T	E	T	O
C	I	A	C	E	I	L	B	I	B

07

CADENAS (soluciones)

#31

O	R	A	D	O	R	R	A	D	O
D	A	C	I	P	A	I	P	A	R
A	A	R	E	S	O	T	S	S	M
T	A	C	V	E	N	A	A	A	I
S	R	A	P	L	A	L	P	D	C
O	E	F	H	C	N	V	A	N	R
T	T	E	A	R	O	A	L	O	O
A	R	O	T	A	D	E	T	N	O
R	O	B	C	I	A	L	E	V	I
O	D	A	U	L	V	A	L	I	S

#32

A	I	A	M	R	I	B	S	A	F
A	N	N	O	N	I	L	I	N	I
D	A	I	K	A	B	I	P	I	L
R	O	J	U	N	A	S	E	L	Y
N	A	A	W	J	T	R	A	P	E
I	T	I	P	A	S	I	K	A	M
H	G	N	O	N	A	I	M	N	E
C	A	I	S	S	I	R	A	L	A
A	P	U	R	I	A	T	N	I	S
I	D	N	A	L	A	I	D	A	I

#33

L	O	N	K	A	R	N	A	T	V
T	A	I	R	E	A	N	C	A	O
O	A	T	T	J	T	O	I	L	L
M	P	I	N	A	E	L	F	O	E
S	N	B	O	O	G	O	L	B	I
I	O	Y	X	E	S	B	O	B	T
T	T	E	B	E	I	I	C	O	U
E	N	K	C	H	I	P	A	L	F
L	I	M	O	H	T	O	B	A	L
T	A	D	A	B	S	E	C	N	O

La correspondencia de matrículas andaluzas a números implica la suma siguiente:
12+11+28+31 = **82**

GR	12	MA	11
GU	4	CO	28
SO	19	Z	1
M	35	BU	6
PO	25	TE	30
AV	26	SE	31
BA	14	CU	21

#34

S	O	G	R	U	T	O	L	E	D	O	1	Z	A	G
G	U	A	D	B	2	A	I	3	S	E	G	A	R	O
4	5	S	A	6	M	E	R	7	P	A	O	8	C	Z
9	N	A	L	A	L	A	10	L	P	M	V	I	A	A
H	T	A	N	J	A	R	A	O	N	A	11	A	D	I
U	E	S	D	E	R	12	G	R	A	N	M	A	L	Z
13	A	C	A	L	E	14	B	O	Z	A	D	G	A	15
A	L	16	V	17	N	18	A	J	19	S	A	A	R	O
E	I	R	E	G	C	L	D	A	R	O	Z	20	E	N
T	C	O	21	A	I	E	A	L	I	M	A	22	E	S
N	A	N	C	A	I	R	23	I	A	O	R	P	A	24
25	O	A	U	C	D	U	M	V	E	U	A	E	L	C
P	G	U	E	N	A	R	26	A	L	H	27	N	28	A
O	A	L	29	T	30	C	31	A	V	A	I	C	C	S
N	C	N	32	E	A	I	S	E	B	O	D	R	O	T
T	M	A	S	R	33	V	A	V	A	N	O	L	L	E
E	A	L	A	U	E	L	L	I	L	L	A	34	35	M
V	36	O	V	I	L	A	D	I	D	A	L	R	D	A
E	D	E	A	E	D	O	O	L	37	C	B	I	D	E
A	R	N	J	38	S	E	R	E	C	A	A	C	E	T

07 CADENAS (soluciones)

#35

Además de la solución, en la imagen puedes ver, a la derecha, la correspondencia de los símbolos con sus nombres.

T	L	A	B	O	C	F	L	U	O	I	D	O	S	O
O	O	I	C	E	N	O	R	O	E	R	F	L	O	R
O	E	R	E	X	O	N	I	N	R	A	U	C	I	D
D	R	B	O	R	I	O	C	E	S	A	Z	O	O	A
O	C	O	I	A	O	I	S	E	L	U	M	I	A	L
I	A	L	C	B	N	I	O	C	A	H	I	N	P	O
O	C	O	I	N	E	T	O	R	O	I	O	G	E	I
R	S	O	F	E	R	U	T	A	B	D	R	I	N	M
O	F	O	R	L	E	N	I	L	P	N	I	R	O	S
A	M	I	R	O	S	O	B	R	E	R	T	I	N	O
R	O	O	E	N	E	O	I	E	G	O	N	D	O	G
F	I	N	I	H	G	O	I	N	O	V	I	I	O	R
L	C	O	O	I	I	X	R	T	I	A	O	N	E	A
O	R	I	Z	L	E	O	O	I	S	N	B	I	O	N
W	O	M	A	G	H	I	L	T	A	A	D	O	O	E
O	I	D	N	N	E	C	I	O	P	G	I	O	I	S
I	O	M	I	E	S	N	S	Y	R	A	R	U	D	T
T	I	O	R	O	I	O	T	P	K	L	Z	B	I	A
A	L	P	C	O	I	D	O	R	O	I	I	N	C	Ñ
T	A	L	O	M	O	R	B	L	E	U	Q	I	N	O

Aluminio	Al	Litio	Li
Argón	Ar	Neón	Ne
Arsénico	As	Níquel	Ni
Azufre	S	Nitrógeno	N
Bario	Ba	Osmio	Os
Boro	B	Oxígeno	O
Bromo	Br	Plata	Ag
Calcio	Ca	Platino	Pt
Cerio	Ce	Potasio	K
Cesio	Cs	Radio	Ra
Cloro	Cl	Rodio	Rh
Cobalto	Co	Sílice	Si
Cobre	Cu	Sodio	Na
Cromo	Cr	Vanadio	V
Erbio	Er	Wolframio	W
Estaño	Sn	Xenón	Xe
Flúor	F	Zinc	Zn
Fósforo	P	Zirconio	Zr
Helio	He	Paladio	Pd
Hidrógeno	He	Rutenio	Ru
Hierro	Fe	Selenio	Se
Indio	In	Niobio	Nb
Iodo	I	Magnesio	Mg
Itrio	Y	Rubidio	Rb
Kryptón	Kr		

#36

En la solución te hemos marcado con la casilla gris el dígito final de cada número.

2	8	1	3	1	8	1	0	4	8	2	4	9	2	1
4	8	3	9	9	9	8	3	5	9	8	7	9	9	2
8	0	3	6	2	2	1	9	8	7	3	5	3	8	4
7	2	3	8	1	7	4	9	3	1	2	6	4	2	6
3	2	0	3	4	4	5	9	8	7	9	4	3	8	5
3	9	3	1	7	7	9	4	3	3	1	1	0	6	4
9	8	6	4	1	8	8	1	1	1	7	4	6	3	7
1	0	2	2	5	7	4	9	2	3	3	0	1	0	1
8	8	8	1	5	9	1	3	2	0	2	5	2	3	8
3	8	7	3	8	4	8	3	6	3	2	0	2	4	6
5	2	2	9	9	2	2	4	1	1	1	1	5	9	1
3	6	3	2	2	7	3	3	2	2	5	4	3	5	9
0	0	9	0	5	3	0	5	5	8	9	3	8	3	3
0	0	3	0	2	1	1	3	2	2	0	4	5	6	2
6	6	8	4	4	8	7	0	6	6	4	2	3	8	2
7	2	3	3	4	3	2	2	9	1	2	2	5	8	6
1	7	7	8	1	6	4	4	9	7	9	6	9	0	0
2	8	8	2	7	2	7	2	9	6	7	1	2	3	7
9	4	0	3	1	0	6	1	4	0	9	2	4	7	4
4	9	2	2	9	6	1	8	4	5	6	9	5	3	2

08 AUTOCULTOS®

Uno de nuestros últimos "inventos" son los autocultos.
Van a poner aprueba tu vocabulario y tu capacidad de abstracción y deducción.

Casa de Río de Veigas (1900)
De estilo regionalista montañés, esta casa indiana de Boal fue también sede de las escuelas del Ave María.

Qué son los AUTOCULTOS

El nombre de **autocultos** viene de combinar los términos "autodefinidos" y "cultura" y su objetivo es descubrir una palabra a partir de su definición de la RAE, sin embargo, se han sustituido algunas de sus letras por puntos, lo que permite saber la longitud de todas las palabras, pero solo con algunas de sus letras a la vista. El número de casillas de la solución dan una pista más: la de su número de letras.

#01

Pr·nd· p·r·
cubrir l· m·n·
sin s·p·r·ci·n·s
p·r· l·s d·d·s, ·
c·n un· s·l· p·r·
·l pulg·r.

Empezamos quitando unas cuantas de las vocales.

#02

L·g·r f··rt·, c·rc·d·
d· m·r·ll·s, b·l··rt·s,
f·s·s y ·tr·s
f·rt·f·c·c··n·s.

Seguimos quitando todas las vocales.

#03

·b·et· c·n
el que l·s
n···s jueg·n
y des·rr·ll·n
det·rm·n·d·s
c·p·c·d·des.

Y en el resto quitamos tanto vocales como consonantes.

#04

C·ns·r·cc·ón
r·st·c· peq·eñ·,
de m·ter··les
p·bres, dest·n·d·
· ref·g·· ·
v·v·end·.

#05

E··fi·io de
u·a o p··as
pl··tas, con
ja··ín, de··in·do
es··cia·mente
a ··vien·a
unifamiliar.

#06

Pr·nd· f·m·nin· d· pi·l
o plum· y ·n form· d·
s·rpi·nt·, p·r· ·brigo o
·dorno d·l cu·llo.

#07

Pa·te d·lan··ra ·e u·a em·····ción,
co· la ·ual c·rt· l·s a·uas.

#08

Ví··ulo ·or co·sa·gui·idad,
af·n·dad, a··pción, ·atri···io u
o·ra re··ción es··ble ·e afec···idad
aná···a a ··ta.

#09

T·end· en que se v·nd·n hi·rb·s y
pl·ntas m·d·cin·l·s.

#10

Ori·la de ·a c·lle, lige···ente ele·ada y e··osada, res··vada al trá··ito de pe··ones.

☐☐☐☐☐

#11

Re·to del ··garro, ·ue ·e tir· por n· p·d·r o no q·er·r f··arlo.

☐☐☐☐☐☐☐

#12

Per··na ·ue se ·e·ica pro···io·alme·te a l· al··ñil·ría.

☐☐☐☐☐☐☐

#13

Ed·f·c·o o l·gar des··nado púb·ic· y exc··siv·mente a ·n c·lto.

☐☐☐☐☐☐

08

AUTOCULTOS (soluciones)

#01. MANOPLA. Prenda para cubrir la mano sin separaciones para los dedos, o con una sola para el pulgar.

#02. CASTILLO. Lugar fuerte, cercado de murallas, baluartes, fosos y otras fortificaciones.

#03. JUGUETE. Objeto con el que los niños juegan y desarrollan determinadas capacidades.

#04. CABAÑA. Construcción rústica pequeña, de materiales pobres, destinada a refugio o vivienda.

#05. CHALÉ. Edificio de una o pocas plantas, con jardín, destinado especialmente a vivienda unifamiliar.

#06. BOA. Prenda femenina de piel o pluma y en forma de serpiente, para abrigo o adorno del cuello.

#07. PROA. Parte delantera de una embarcación, con la cual corta las aguas.

#08. PARENTESCO. Vínculo por consanguinidad, afinidad, adopción, matrimonio u otra relación estable de afectividad análoga a esta.

#09. HERBOLARIO. Tienda en que se venden hierbas y plantas medicinales.

#10. ACERA. Orilla de la calle, ligeramente elevada y enlosada, reservada al tránsito de peatones.

#11. COLILLA. Resto del cigarro, que se tira por no poder o no querer fumarlo.

#12. ALBAÑIL. Persona que se dedica profesionalmente a la albañilería.

#13. TEMPLO. Edificio o lugar destinado pública y exclusivamente a un culto.

09

CUENTACUBOS

Tan fácil y a veces tan complicado: saber cuántos cubitos hay en una construcción.

Casa de la Apicultura

Boal tiene una tradición apícola destacada y esta es una pequeña muestra museística sobre la cría de abejas.

Qué es el CUENTACUBOS

Aunque se podrían generar cuentacubos de cualquier tamaño, nosotros nos vamos a centrar en una composición base de 125 cubitos (5x5x5) a los que le hemos quitado unos cuantos. Este es tu objetivo: saber cuántos cubitos le faltan a la composición.

1. Forma completa de 5 x 5 x 5 = **125** cubitos.
2. Composición a la que se han quitado algunos cubitos.
3. Conjunto de cubitos que se quitan.
4. Esquema donde escribir los cubitos que faltan.
5. Suma en cada fila.
6. Suma total de las 5 filas: **23** (solución)

También podrías deducir el número de cubitos que quedan: 125 - 23 = **102**

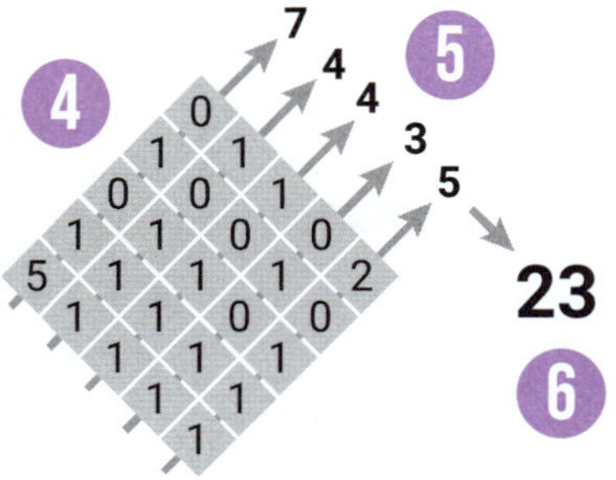

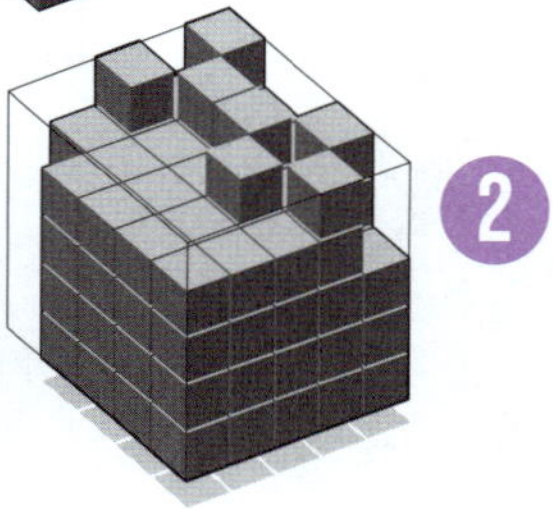

#00

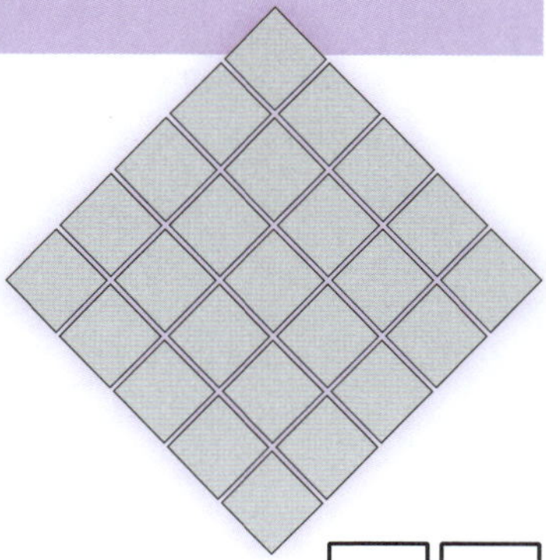

Utiliza el esquema de la derecha para facilitarte la labor de conteo de cubitos.

¿Cuántos cubitos hemos quitado?

#01

#02

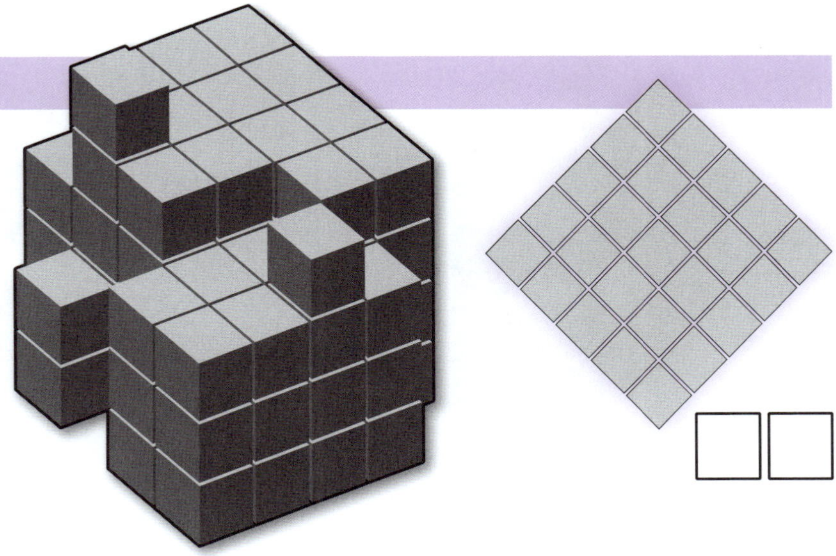

#03

#04

#05

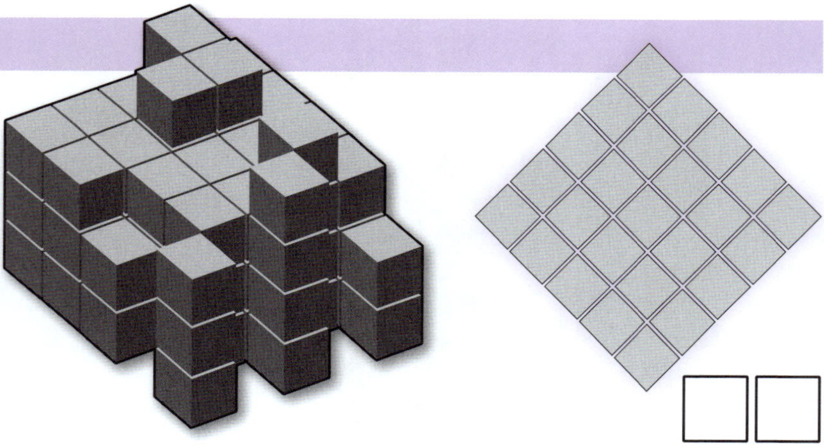

#06

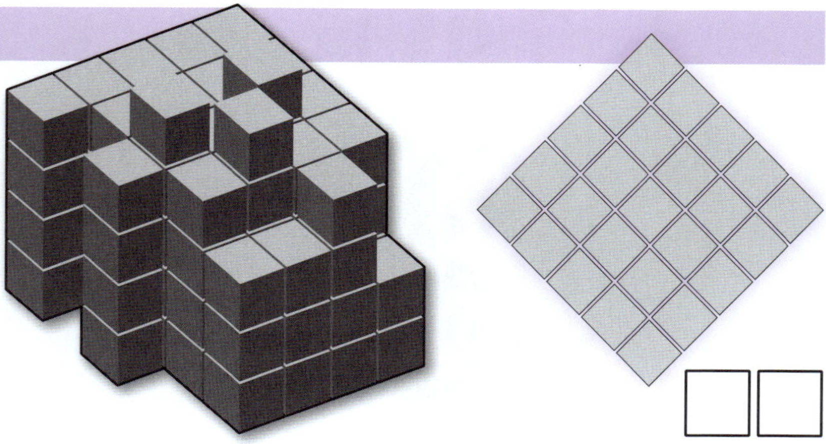

#07

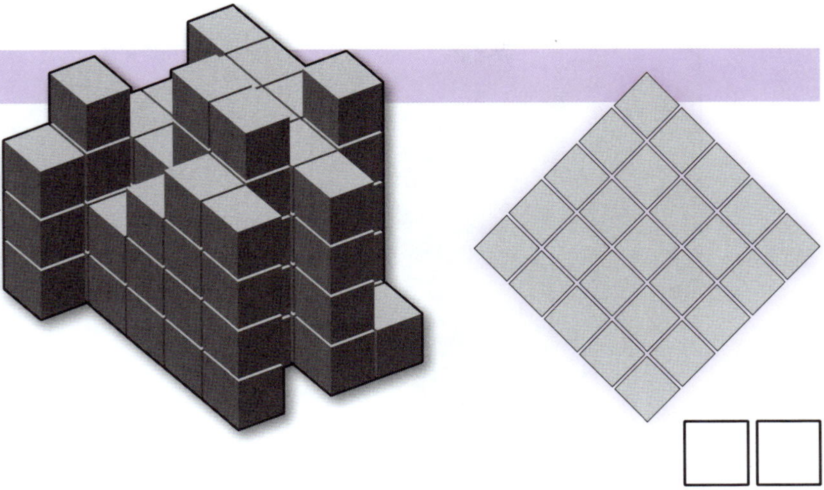

#08

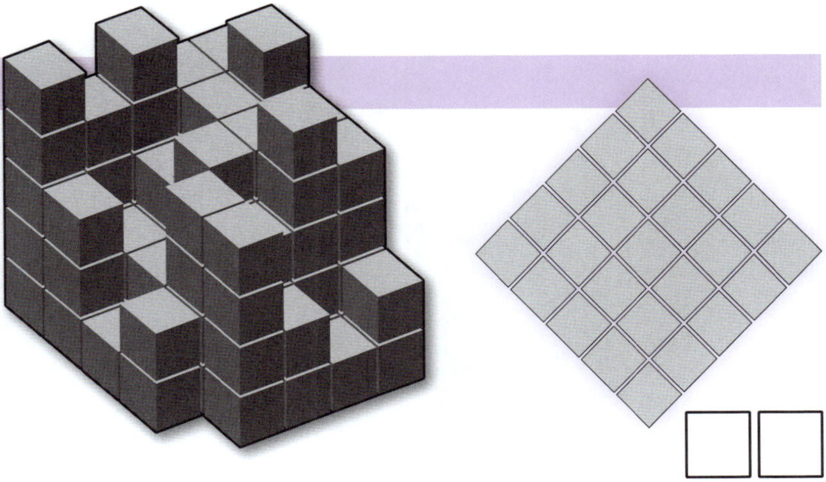

#09

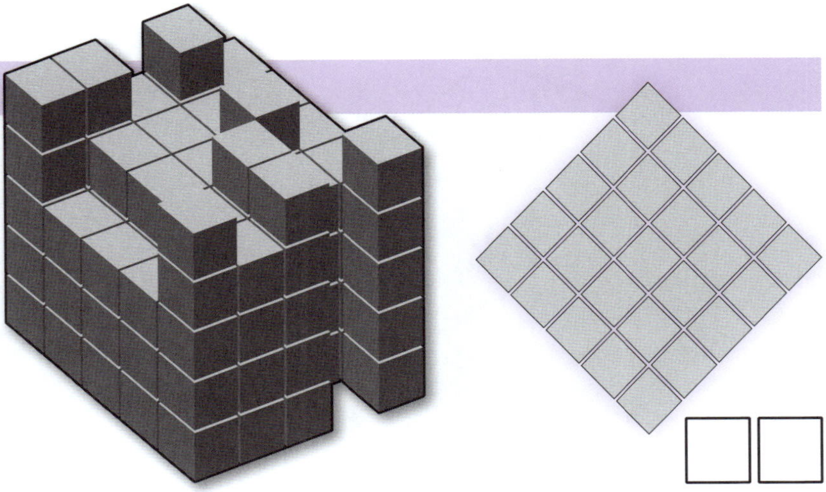

#10

#11

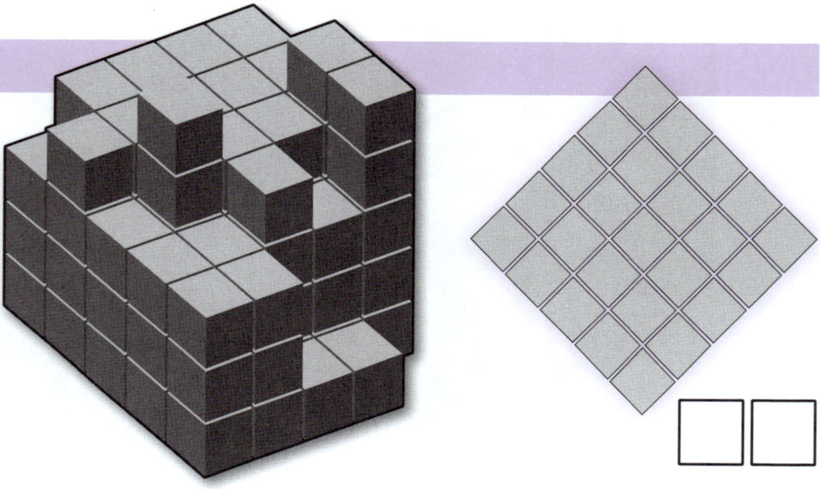

#12

#13

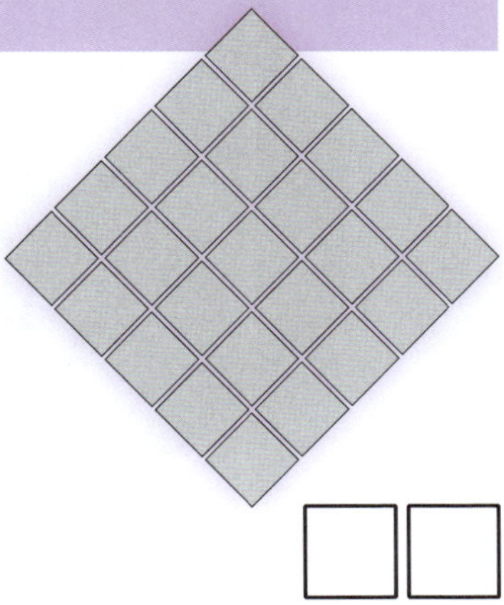

#14

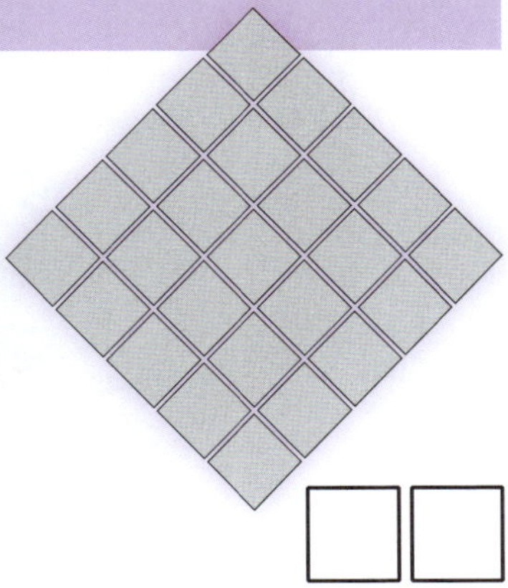

#15

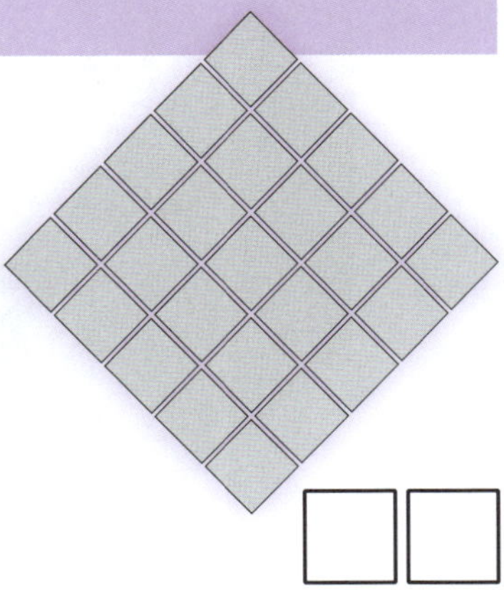

#16

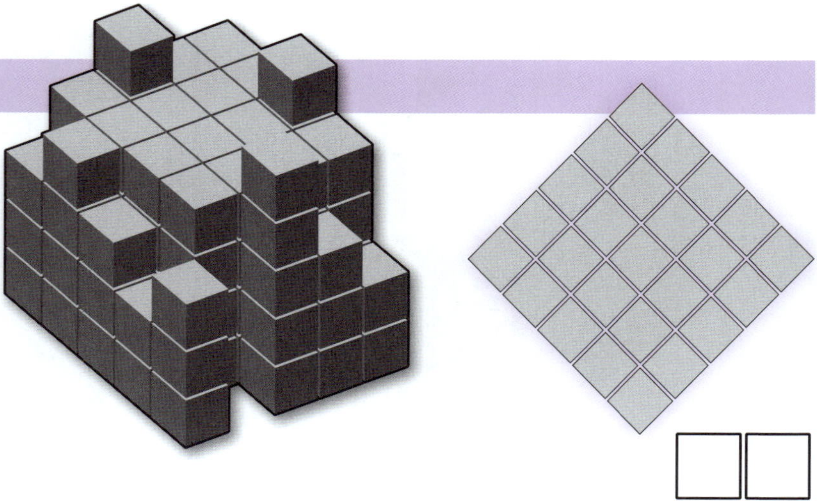

#17

#18

#19

#20

#21

#22

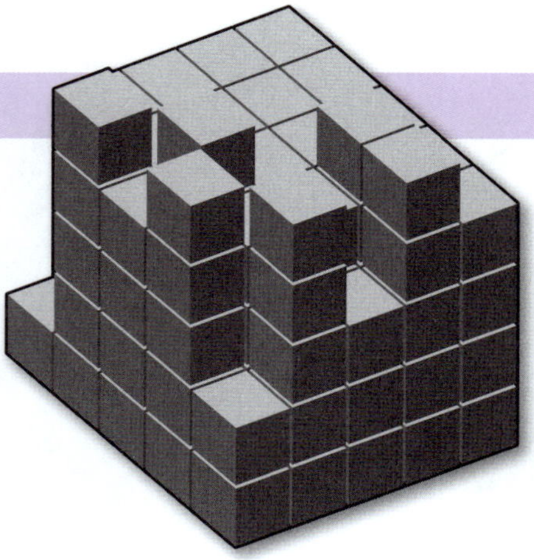

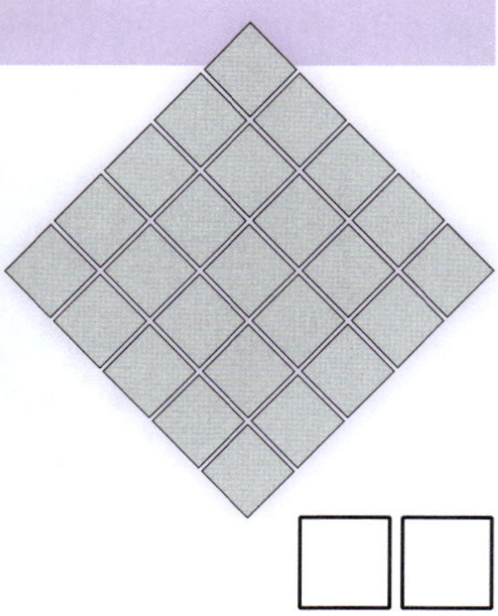

#23

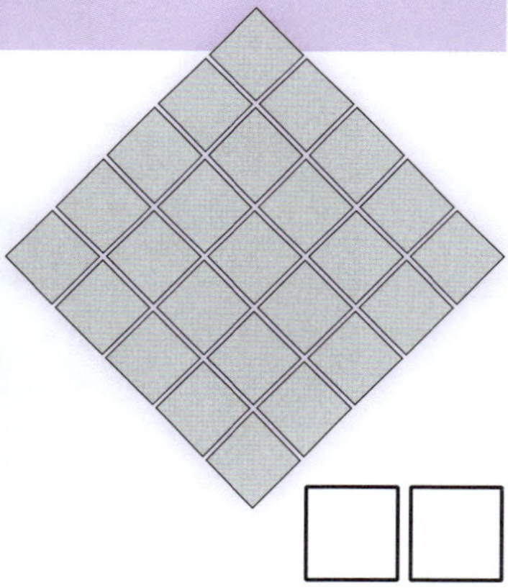

#24

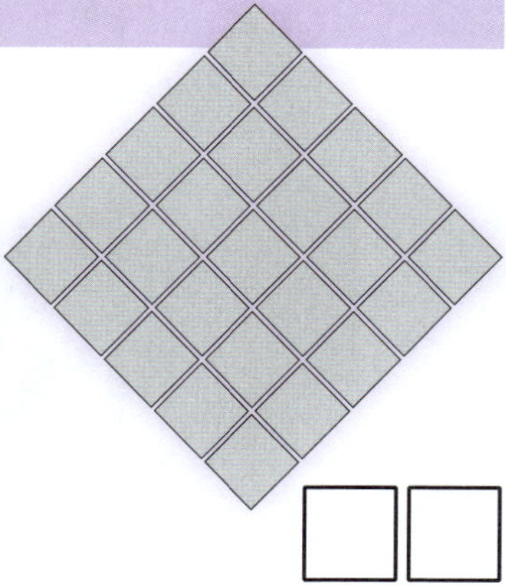

#25

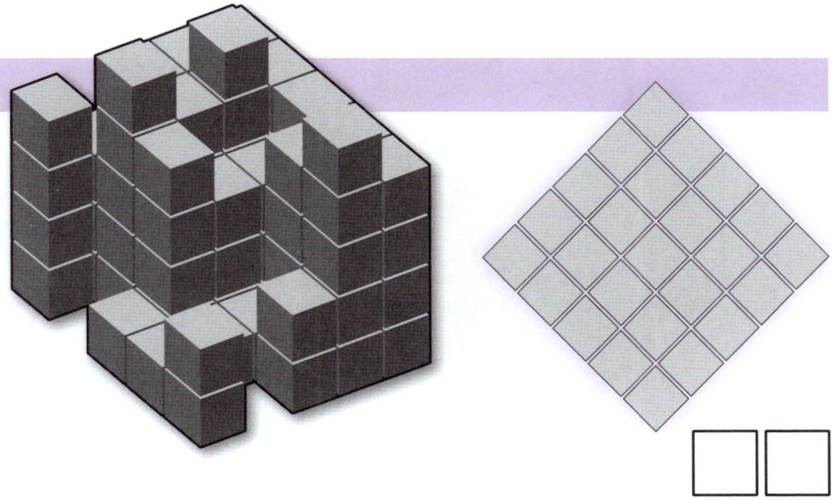

#26

#27

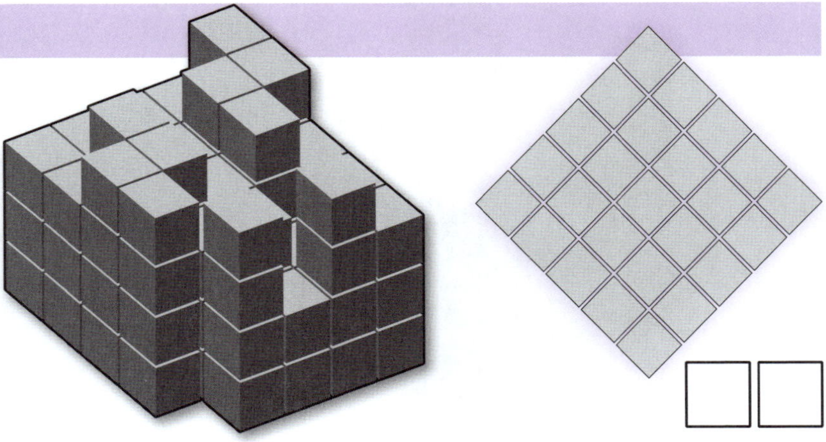

#28

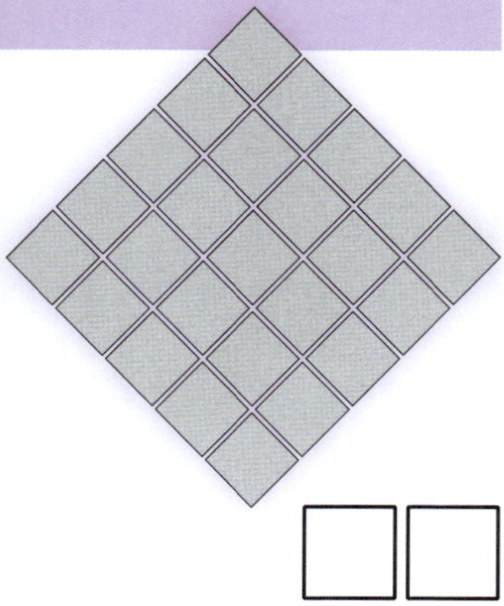

#29

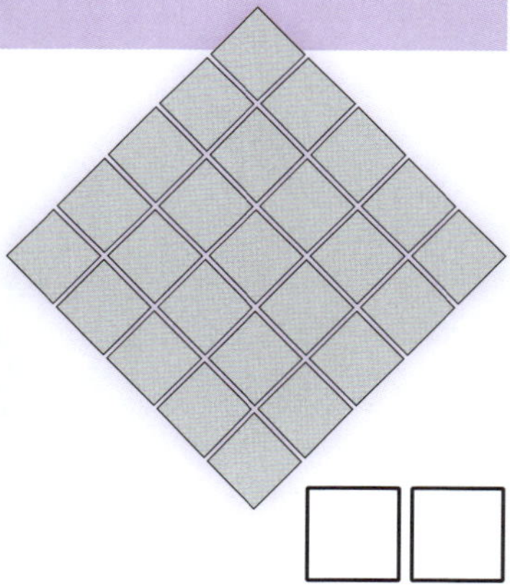

#30

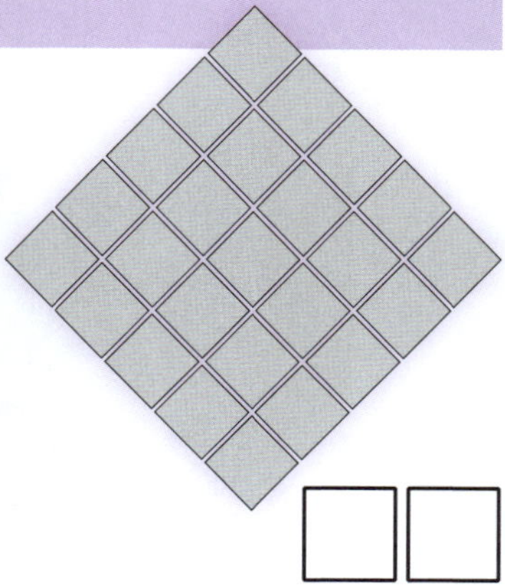

#31

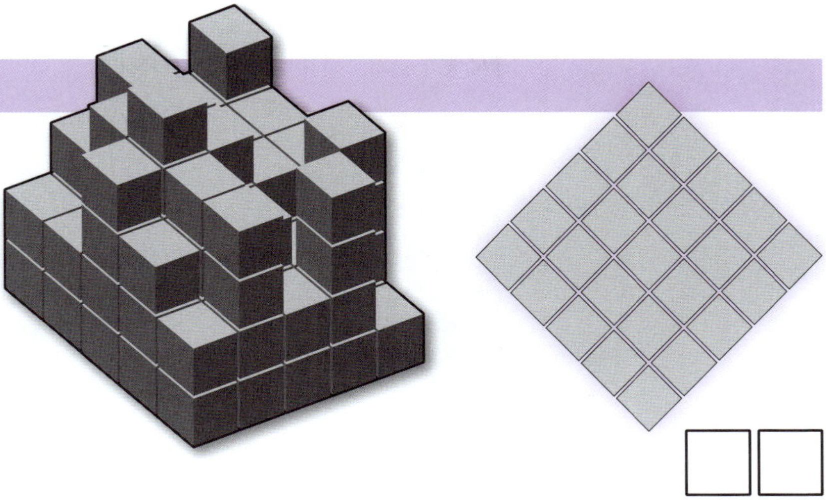

#32

#33

#34

#35

#36

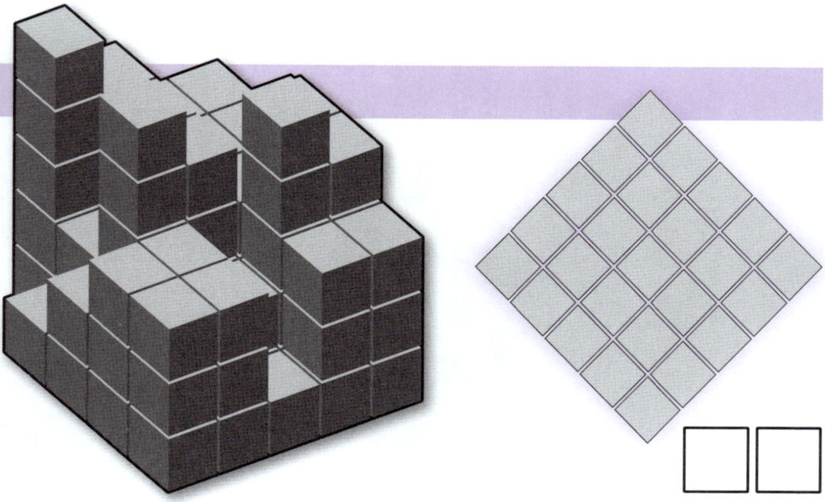

#37

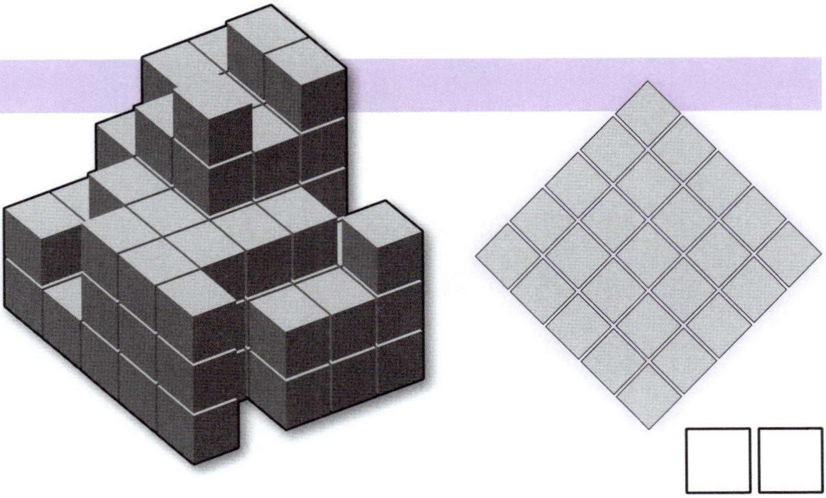

#38

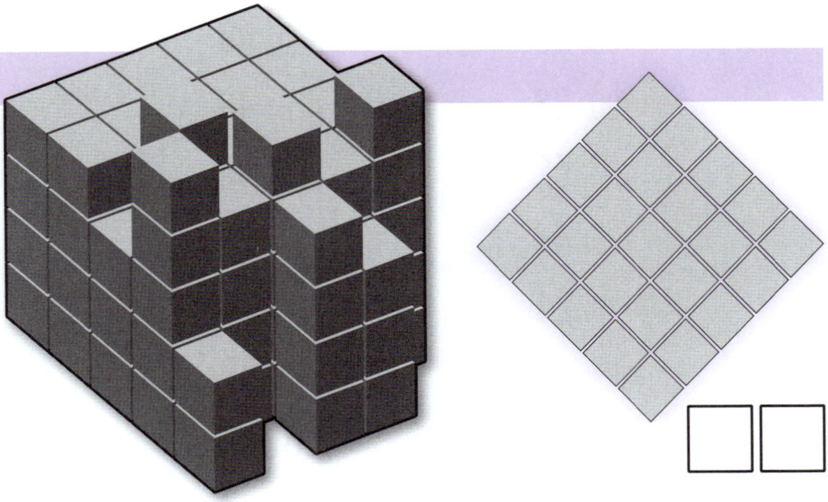

#39

09 CUENTACUBOS (soluciones)

#00. 125 - 85 = **40**
#01. **25**
#02. **45**
#03. **43**
#04. **46**
#05. **56**
#06. **38**
#07. **52**
#08. **44**
#09. **24**
#10. **23**
#11. **39**
#12. **44**
#13. **30**
#14. **49**
#15. **25**
#16. **34**
#17. **22**
#18. **29**
#19. **49**
#20. **32**
#21. **23**
#22. **25**
#23. **54**
#24. **61**
#25. **49**
#26. **40**
#27. **45**
#28. **34**
#29. **28**
#30. **31**
#31. **45**
#32. **37**
#33. **58**
#34. **28**
#35. **45**
#36. **49**
#37. **49**
#38. **33**
#39. **54**

10

FICHAS REFRANERAS

Con las fichas refraneras vas a poner a prueba tu memoria
y también una buena dosis de orientación espacial.

Casa de Jesús López (1925)
Una de las primeras casas indianas de Boal.
En estilo ecléctico, con cubierta en mansarda de estilo francés.

Qué son las FICHAS REFRANERAS

Las fichas son refranes tradicionales que separamos por sílabas, que colocamos dentro de pastillas de diferentes formas, todas ellas desordenadas, de tal manera que el jugador debe reordenarlas para descubrir el refrán que esconden.

#01

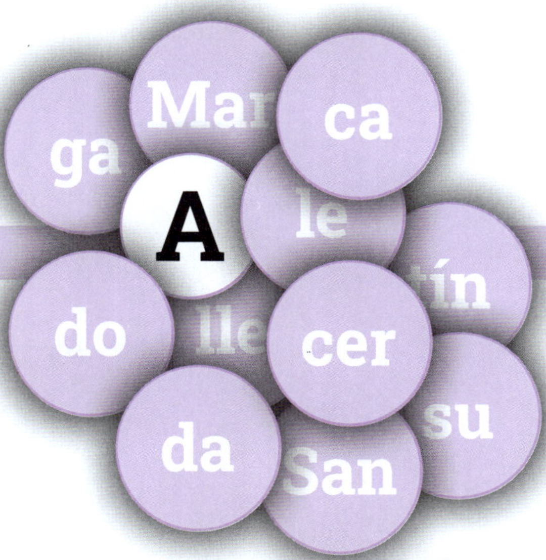

#02

#03

de sa car

fi **Rec** es

ti bios

#04

ti ro a do

un co que so se

rá pi men ge

Más a jo co un

#05

va
ma
no
ci
Más
lo
co
co
cer
que
lo
do
bue
por
no
le
no
lo

#06

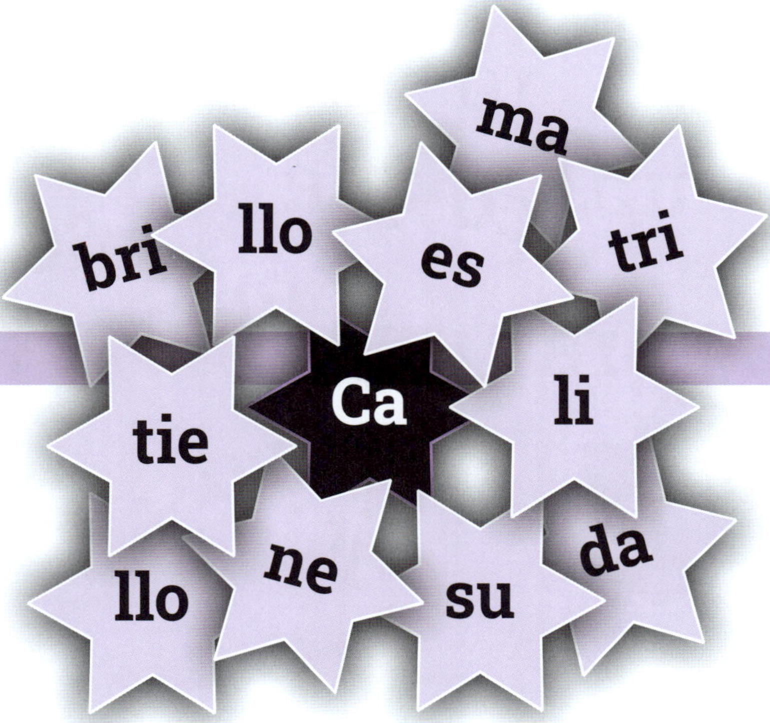
ma
bri
llo
es
tri
Ca
tie
li
da
llo
ne
su

#07

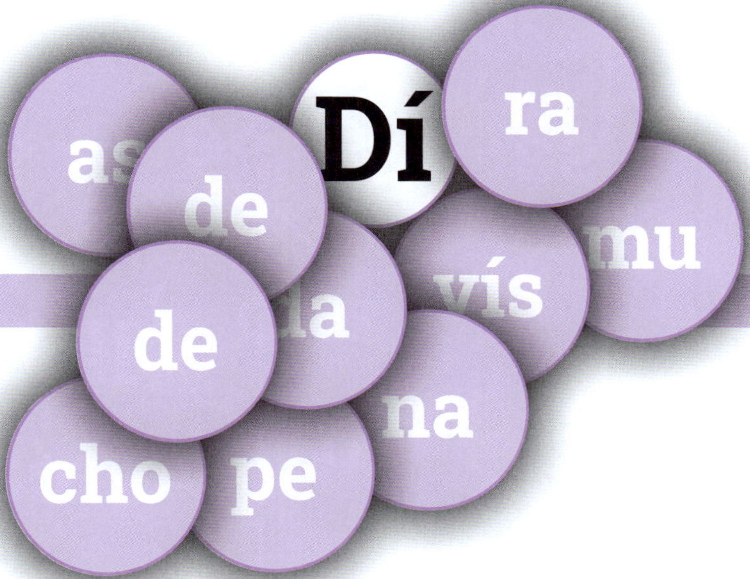
as
de
Dí
ra
mu
vís
da
de
na
cho
pe

#08

di
du
cu
Un
tres
dos
ra
te
y
muer
se
ra
dan
mé
co
gu

#09

sa el se el Por o llo lo hi vi ca

#10

de to gus llue ve a Nun to dos ca

#11

Quien

ce
chón
mue
le
re
go
rri
na
no

#12

No

dru
a
por
ma
ne
pra
no
cho
más
ma
tem
ce
gar
mu

#13

a
a som
bra ma
buen
ár Quien
co
se le ja bi
bol bue na rri

#14

to ca gus
na pi mor ti
ca pe fi
con ro no Sar

#15
pá
que
ro
vo
va
Más
ja
lan
le
cien
no
ma
do
en
to

#16
a
bril
mil
En
a
guas

#17

so
llu
her
cen
to
ven
flo
zo
so
ma
ha
vio
y
yo
a
Mar
ri
a
mo
do
y
so
bril

#18

den
pa
mos
tes
tro
Del
tra
mis
a
ni
dor
a
ni
co
tad
ren

10

FICHAS REFRANERAS (soluciones)

#01. A cada cerdo le llega su sanmartín.

#02. Ande yo caliente y ríase la gente.

#03. Rectificar es de sabios.

#04. Más rápido se coge a un mentiroso que a un cojo.

#05. Más vale lo malo conocido que lo bueno por conocer.

#06. Cada maestrillo tiene su librillo

#07. Días de mucho víspera de nada.

#08. Un médico cura, dos dudan y tres muerte segura.

#09. Por el hilo se saca el ovillo.

#10. Nunca llueve a gusto de todos.

#11. Quien nace lechón muere gorrino.

#12. No por mucho madrugar amanece más temprano.

#13. Quien a buen árbol se arrima buena sombra le cobija.

#14. Sarna con gusto no pica pero mortifica.

#15. Más vale pájaro en mano que ciento volando.

#16. En abril aguas mil.

#17. Marzo ventoso y abril lluvioso sacan a mayo florido y hermoso.

#18. Del mostrador adentro ni amistad ni parentesco.

11 GANYAKU

Un pasatiempo con pastillas y cápsulas, inspirado en el juego de los barcos.

Centro de Interpretación de la Emigración e Instrucción Pública
Está en San Luis (Boal) y nos ilustra sobre la emigración ultramarina y su aportación a la educación.

GANYAKU

El objetivo es localizar las pastillas (píldoras y cápsulas) a partir de las pistas que se dan:

- Las pastillas no pueden tocarse entre sí, ni siquiera en diagonal.
- Los números exteriores indican el número de fragmentos de pastillas que hay en esa fila o columna.
- Las pistas dentro del tablero pueden ser extremos de cápsulas o píldoras o casillas de "agua".
- Si un trozo de pastilla tiene forma curva te indica que es un extremo de cápsula.
- Te conviene ir tachando los trozos que localizas en la lista lateral.

Ejemplo resuelto, para que puedas entender mejor en qué consiste el pasatiempo.

#00

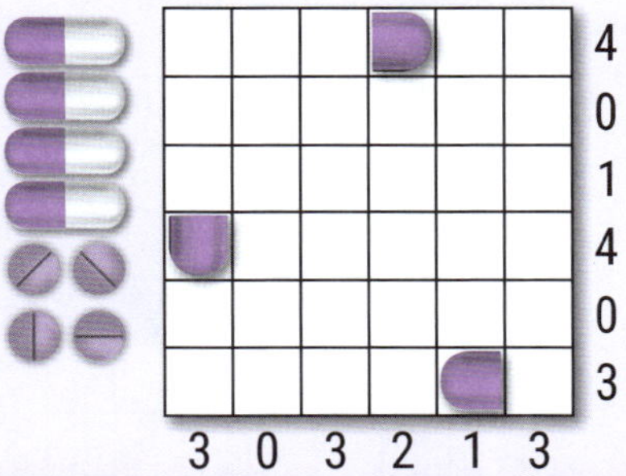

CONSEJOS para resolver el pasatiempo:

1. Cada pasatiempo tiene una solución única.
2. Comienza por marcar como agua (con una X) las casillas que son seguras como tal, como ocurre cuando tienes un 0.
3. Las casillas en torno a las pastillas, sobre todo diagonales o de extremo, también deben ser agua. Si ya hay alguna píldora (de una casilla) como pista, coloca el agua a su alrededor.
4. Comprueba las filas con pastillas que ya completan números del borde para rellenar el resto de las casillas de agua.

#01

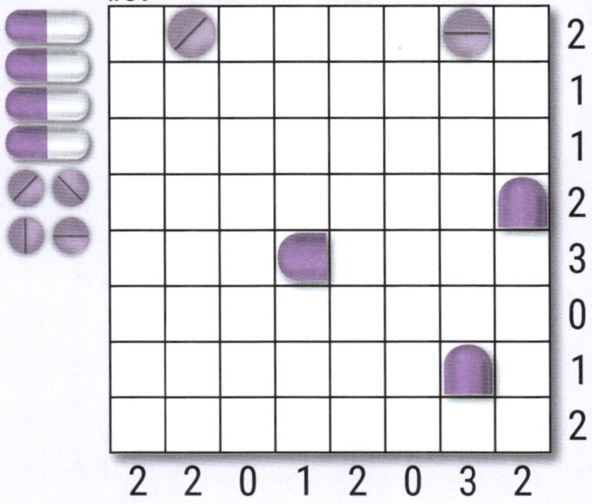

¿Sabías que...

Ganyaku es como se dice "pastilla" en japonés, por eso adopté ese nombre para este pasatiempo que, en realidad, es el clásico juego de los barcos (hundir la flota) con barcos de una y dos casillas, lo que hace que sea más asequible.

#02

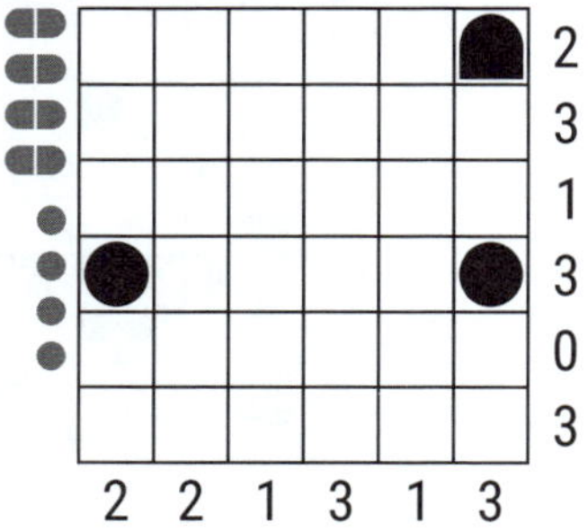

#03

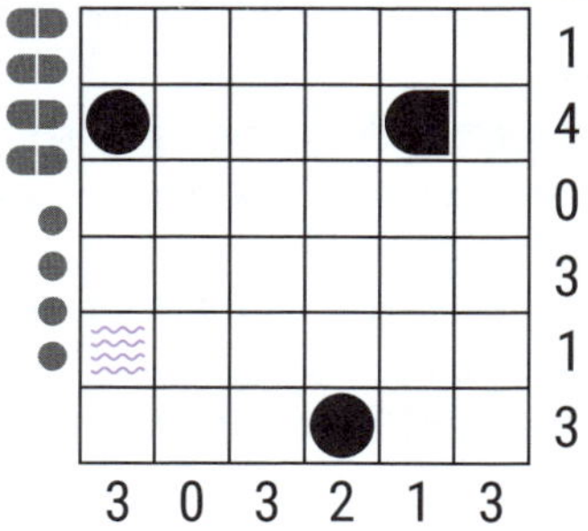

#04

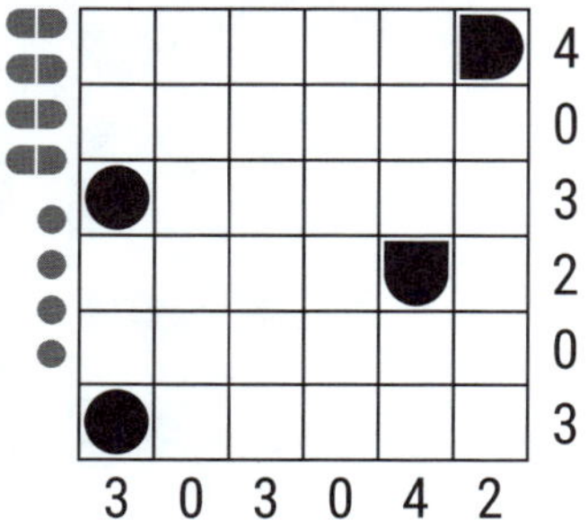

#05

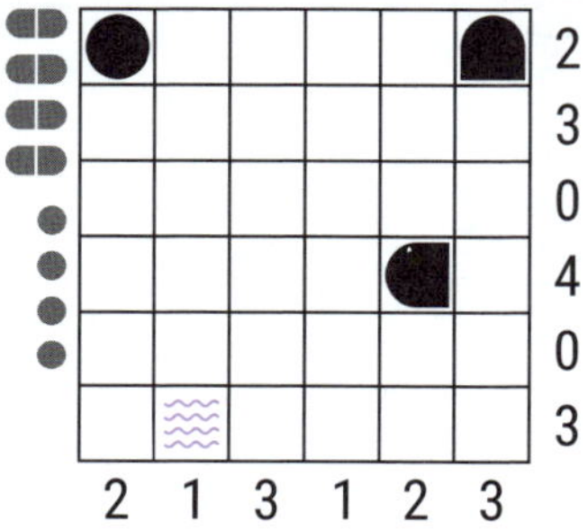

#06

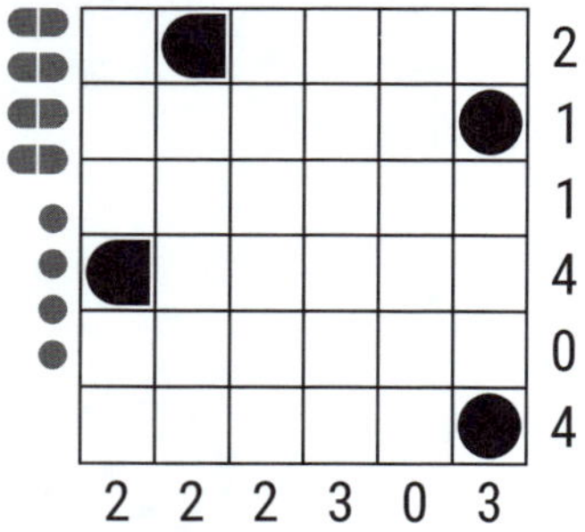

#07

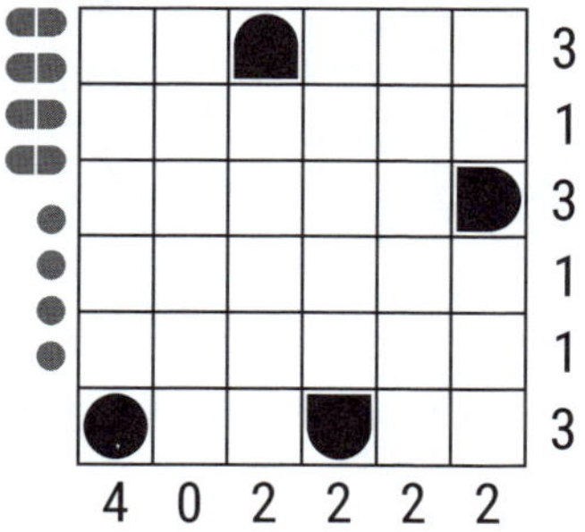

#08

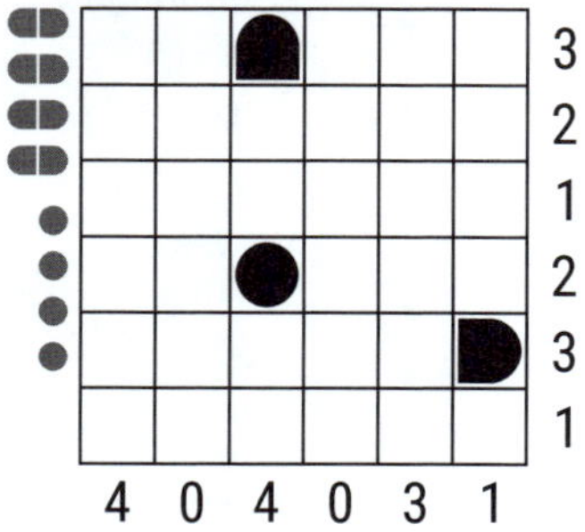

#09

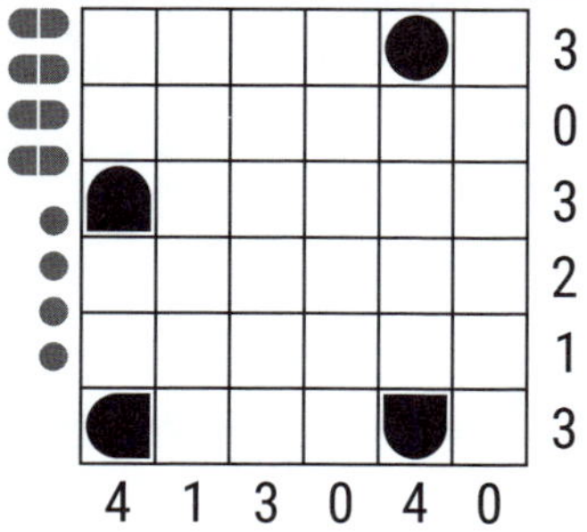

#10

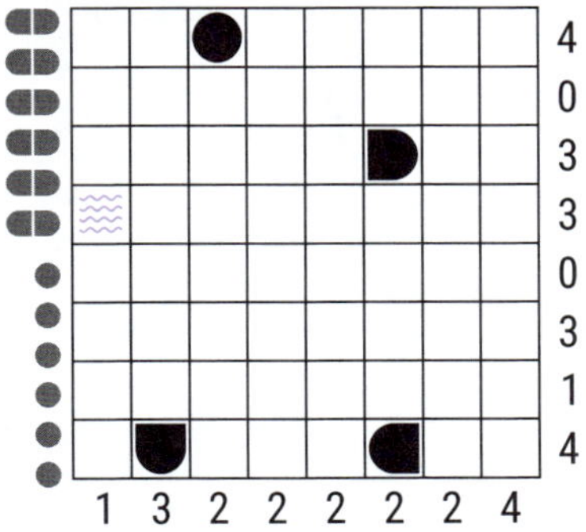

#11

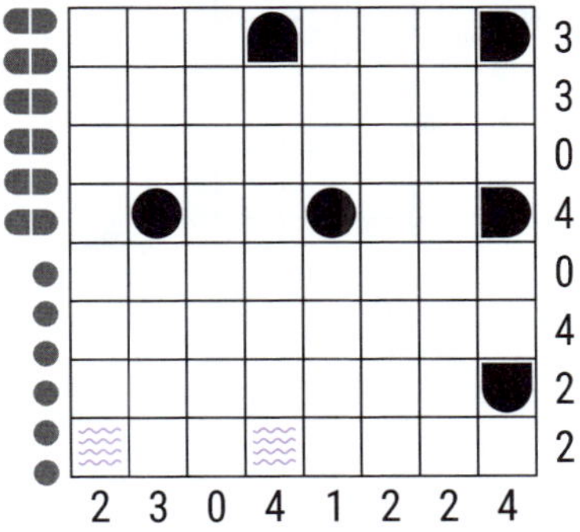

#12

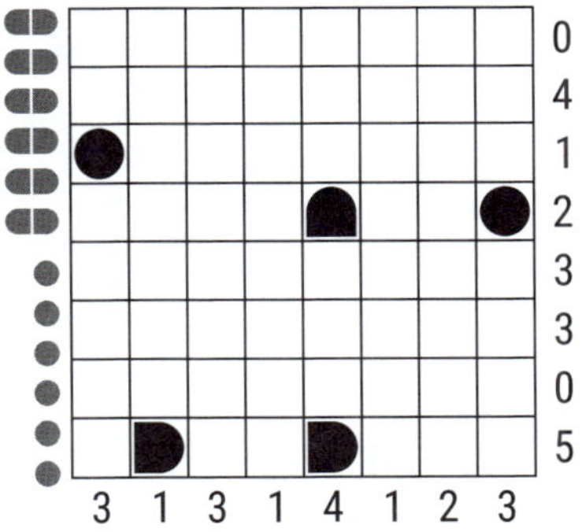

#13

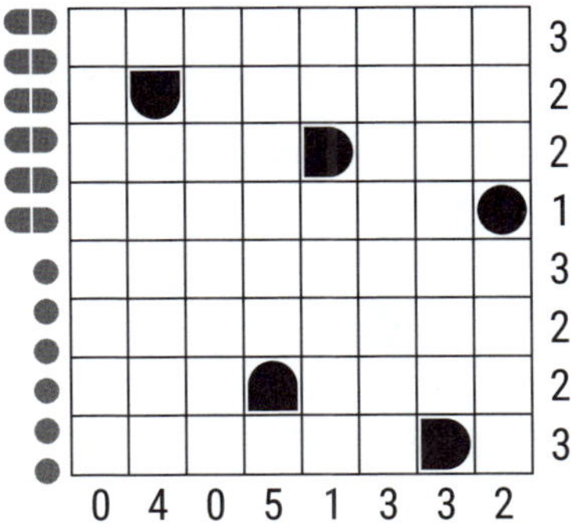

#14

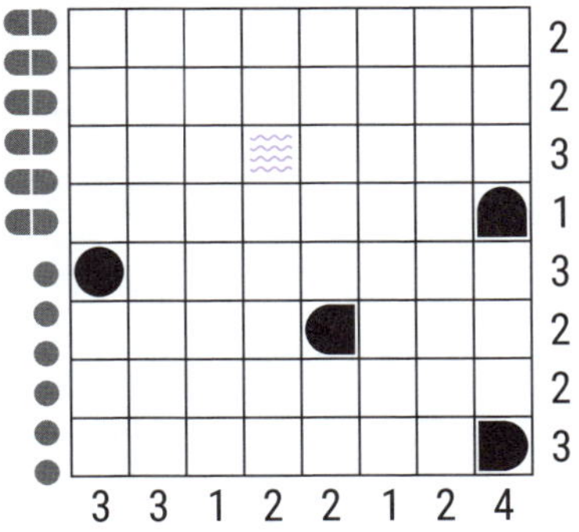

#15

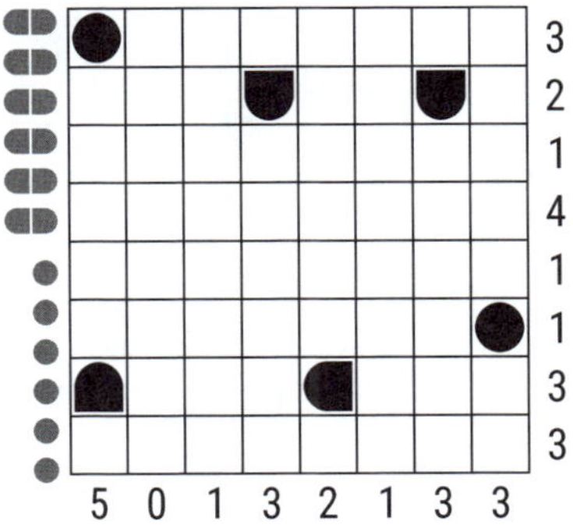

#16

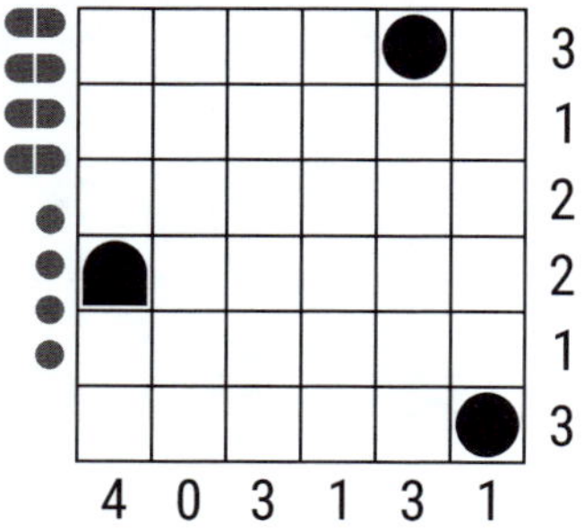

#17

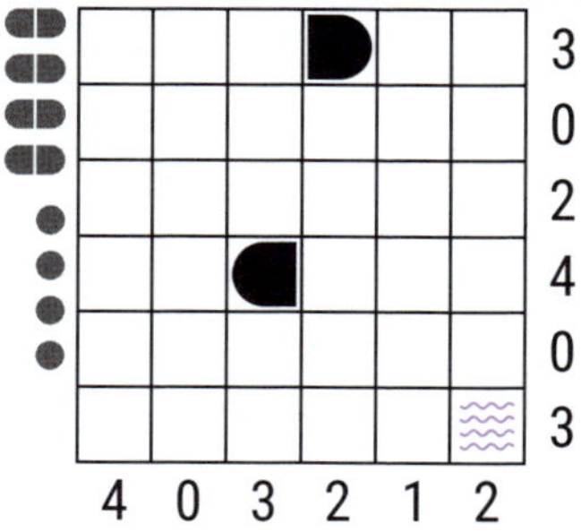

#18

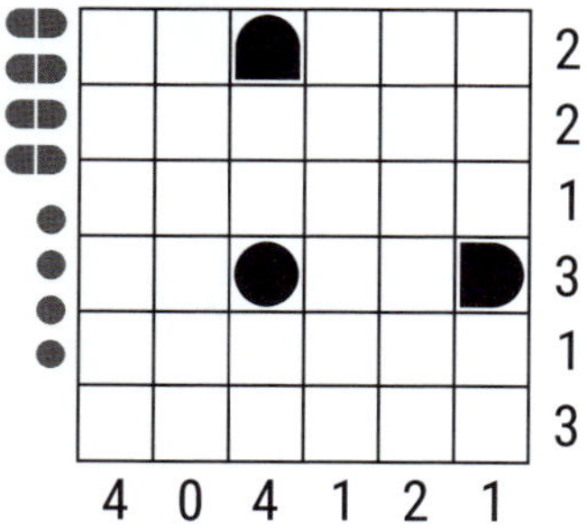

#19

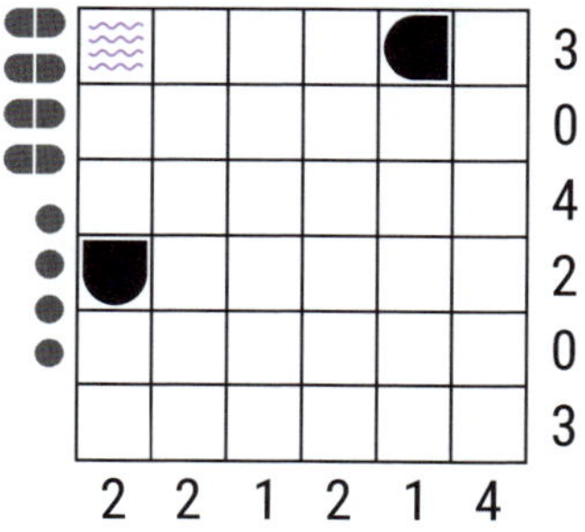

#20

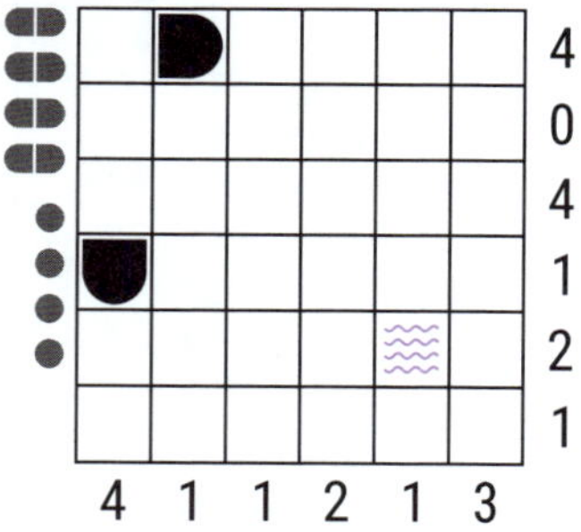

#21

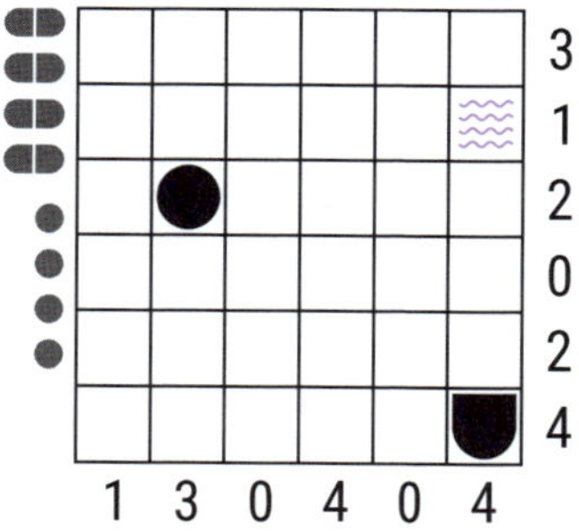

#22

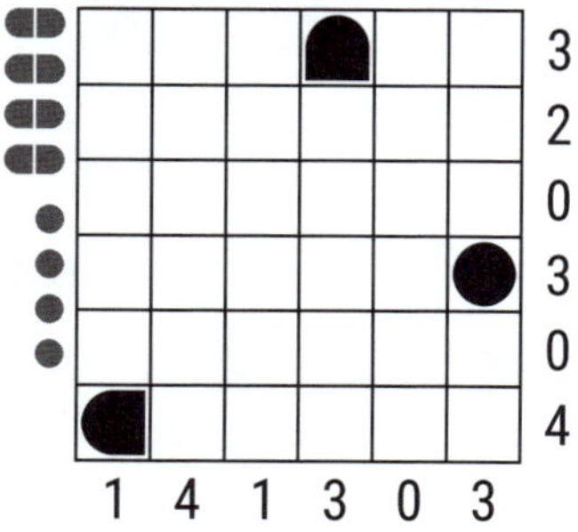

#23

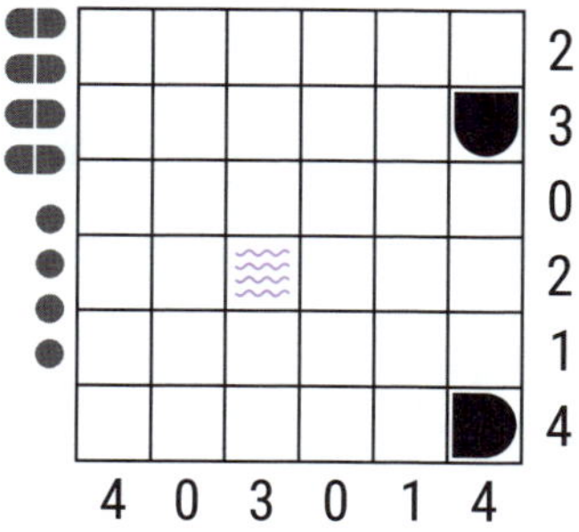

#24

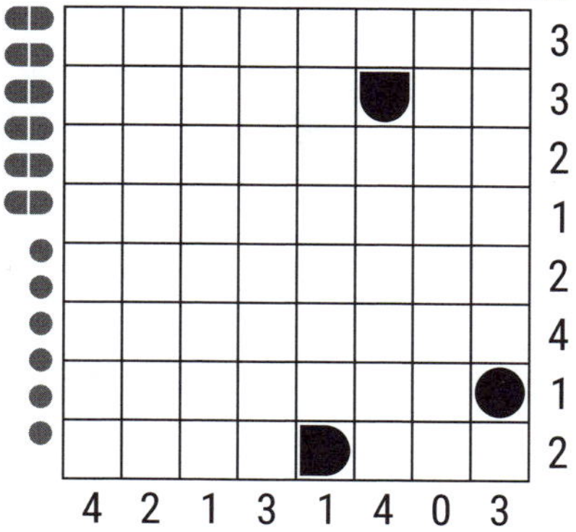

#25

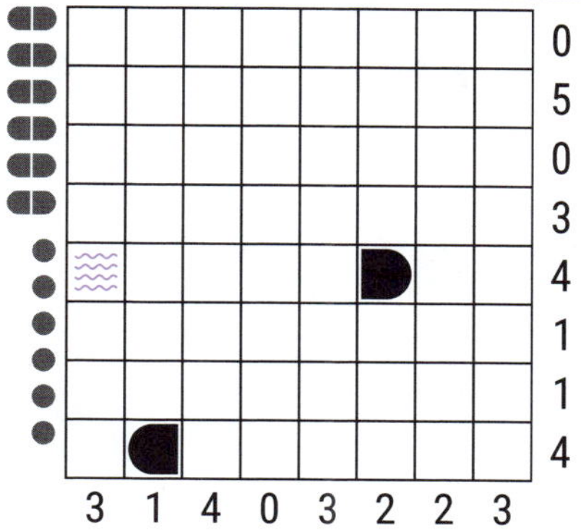

#26

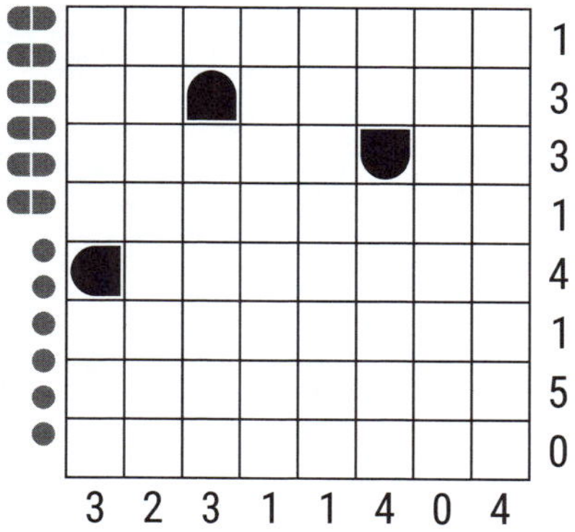

#27

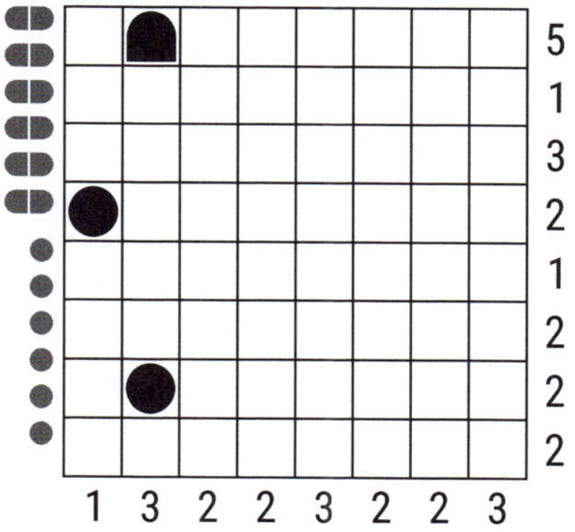

#28

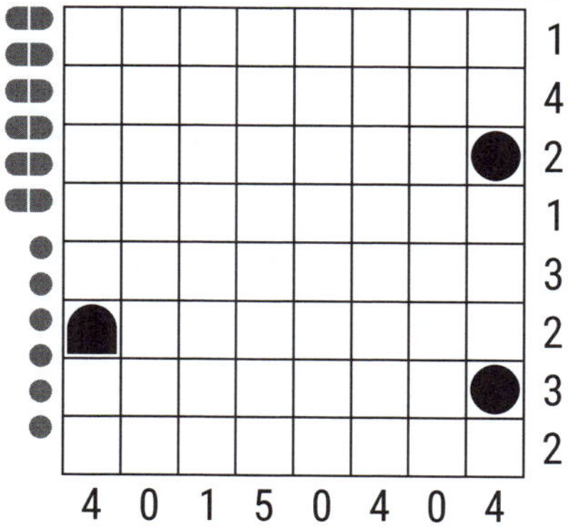

#29

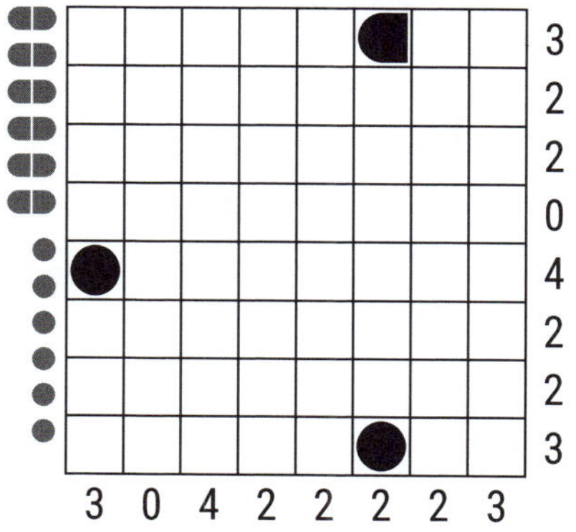

11 GANYAKU (soluciones)

#00

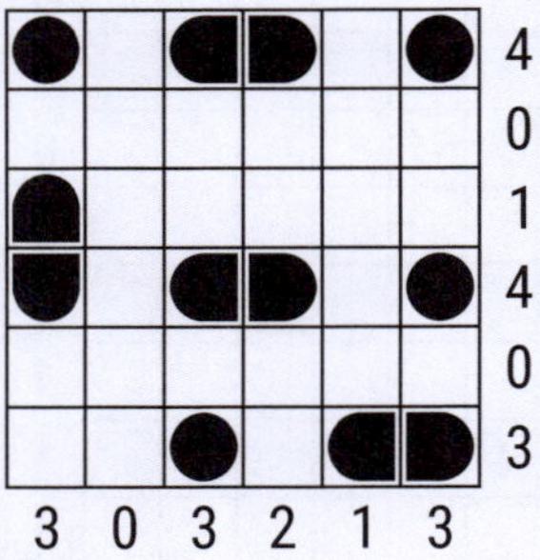

#01

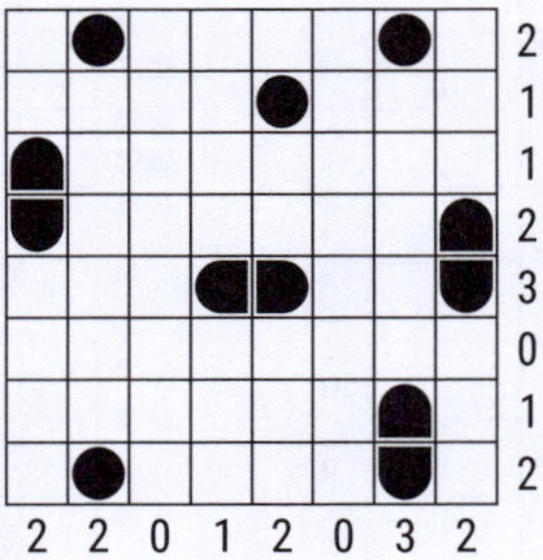

#02

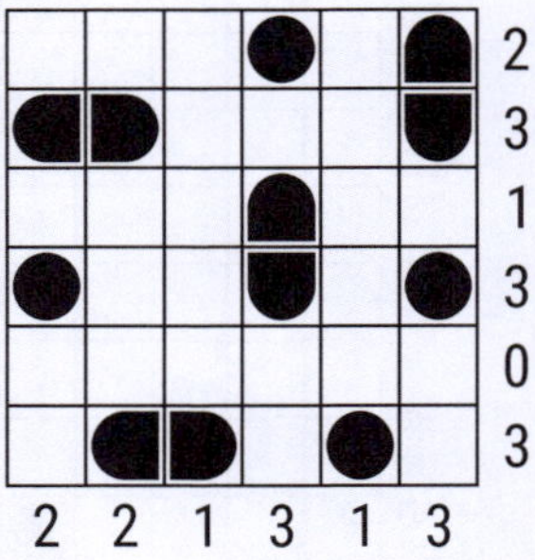

#03

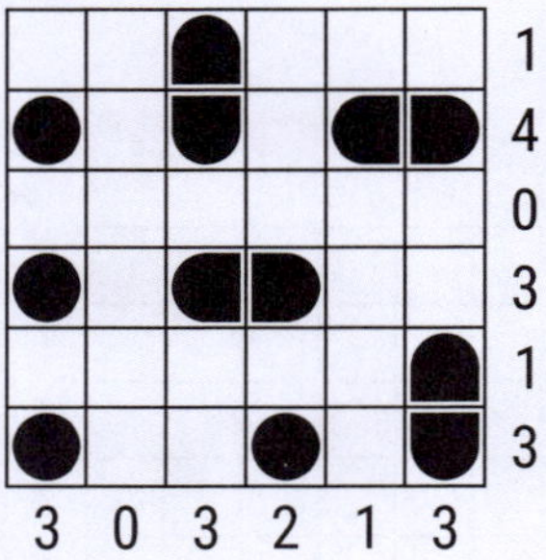

#04

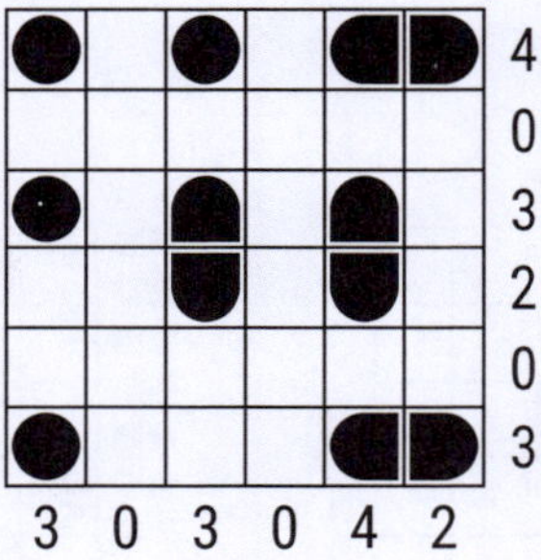

#05

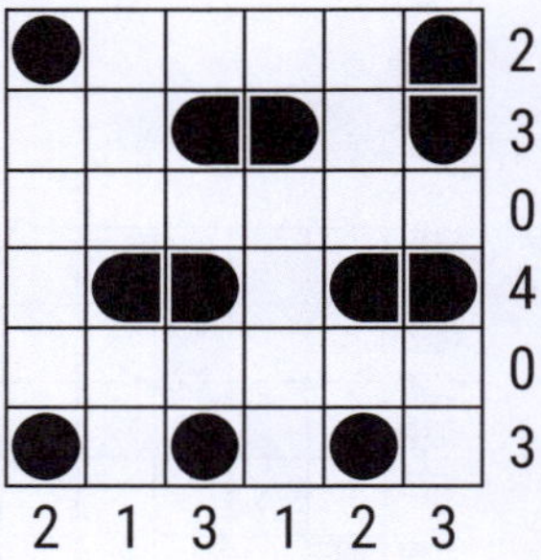

#06

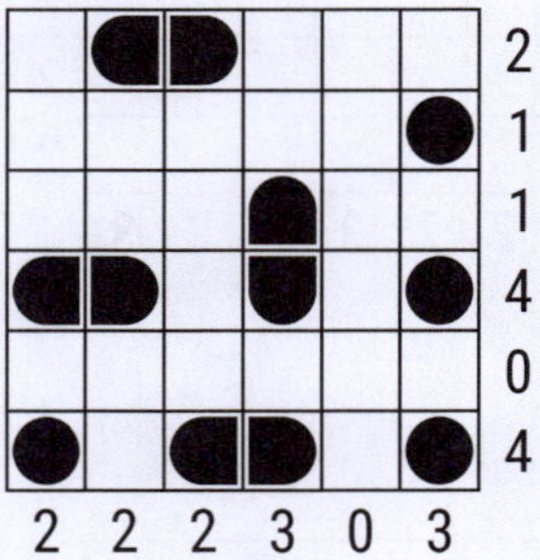

#07

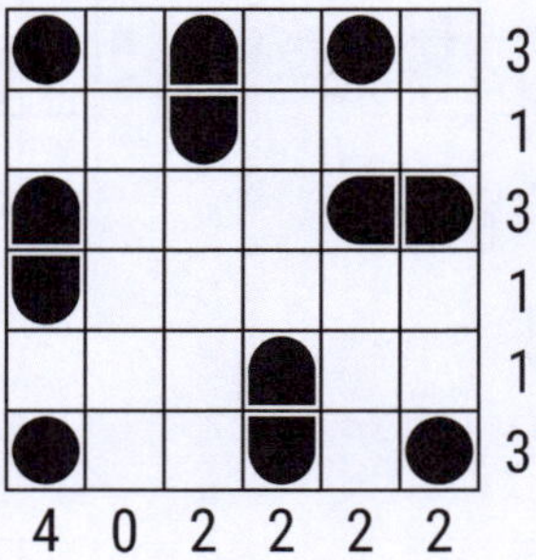

#08

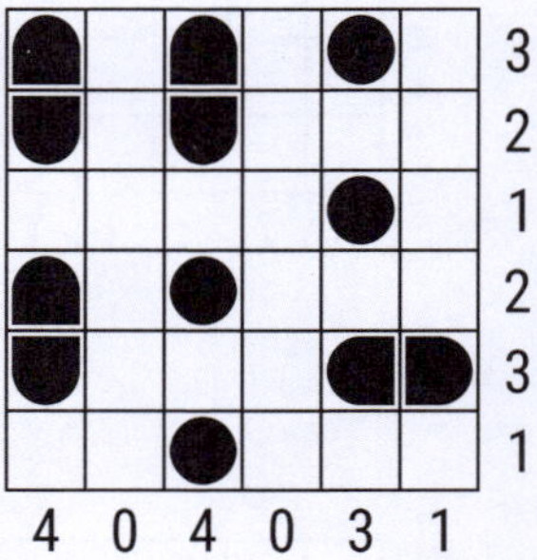

#09

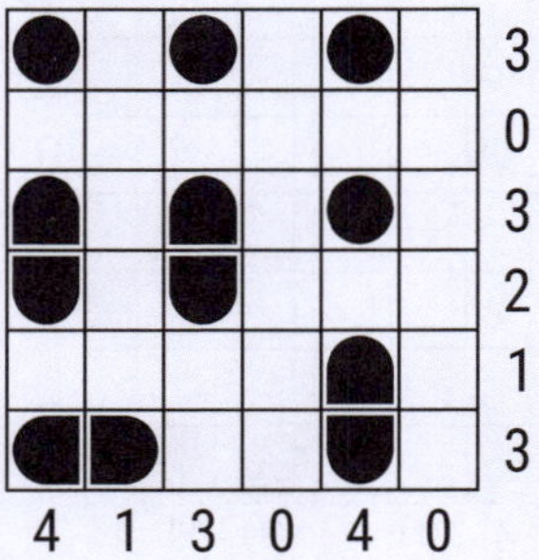

#10

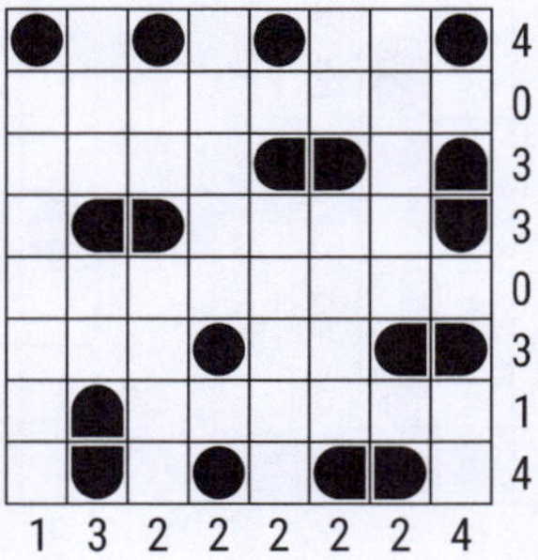

#11

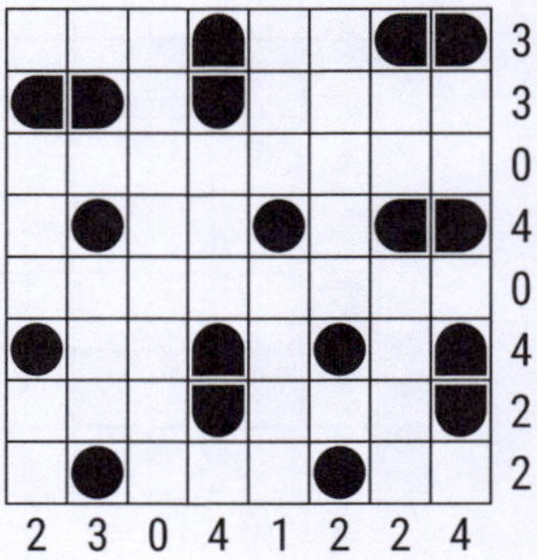

11 GANYAKU (soluciones)

#12

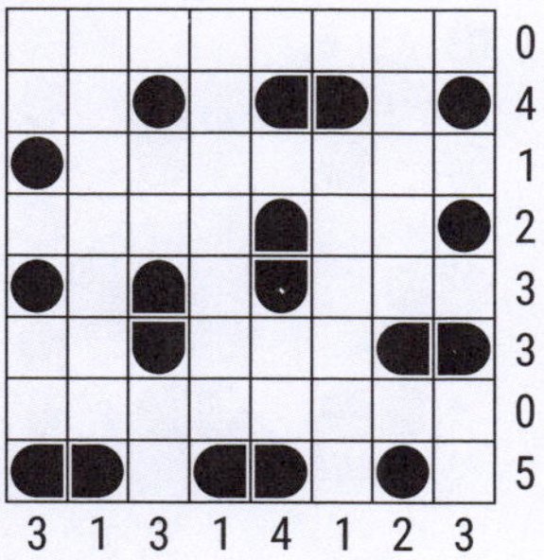

#13

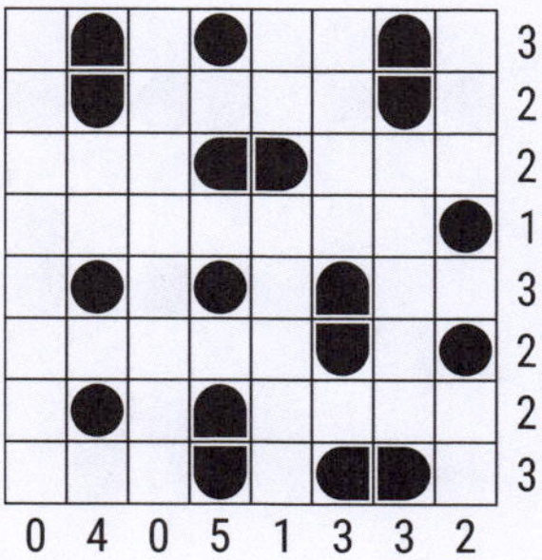

#14

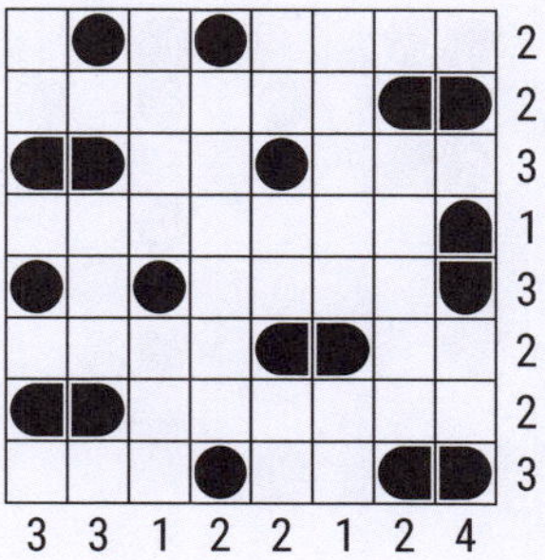

#15

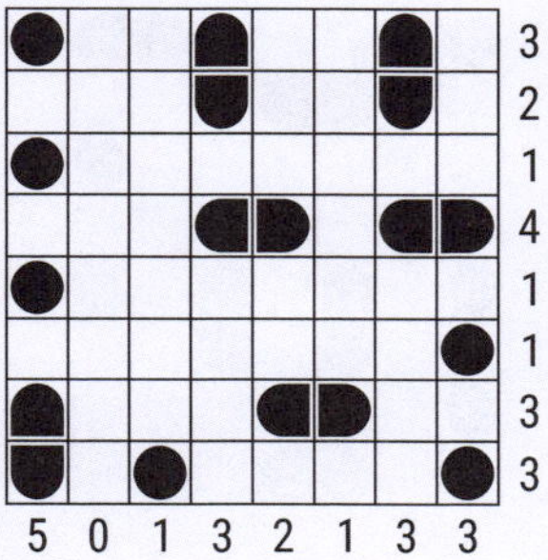

#16

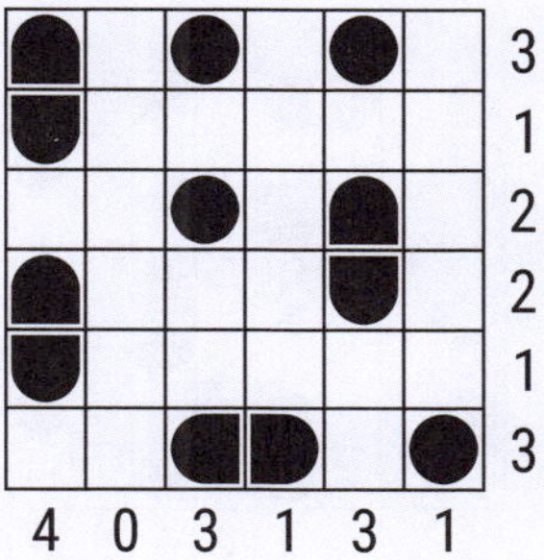

#17

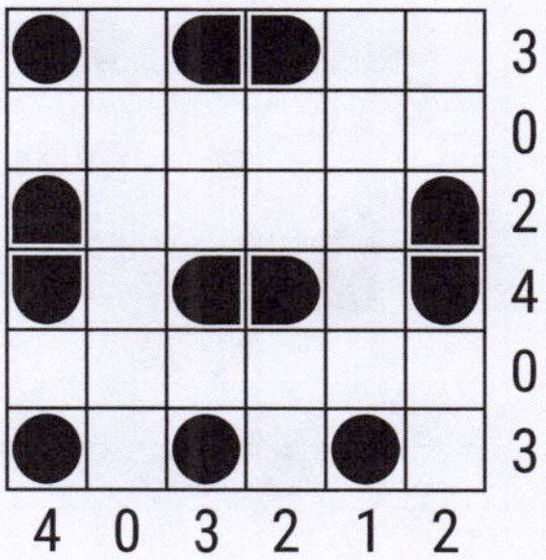

#18

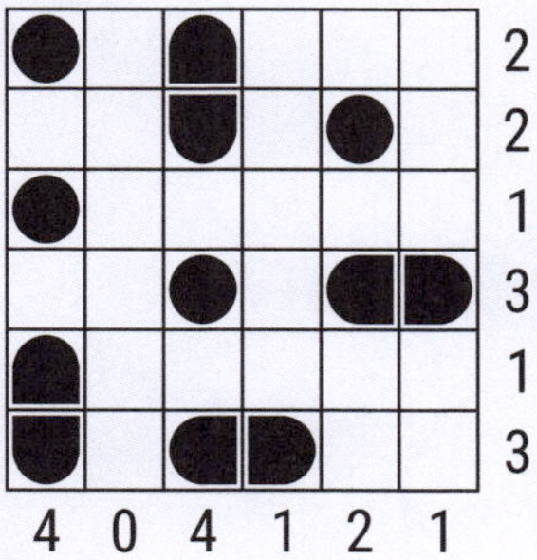

#19

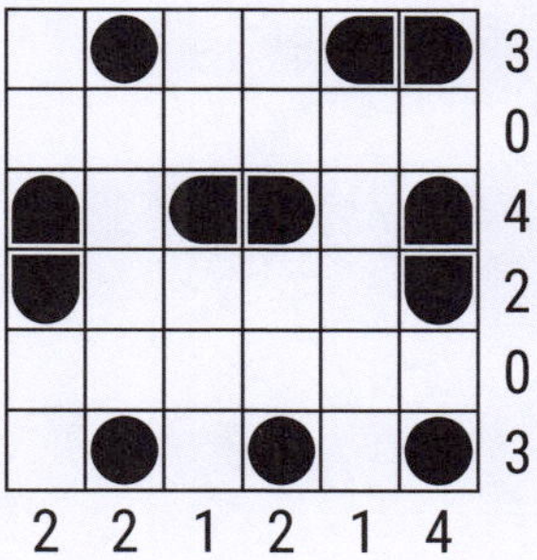

#20

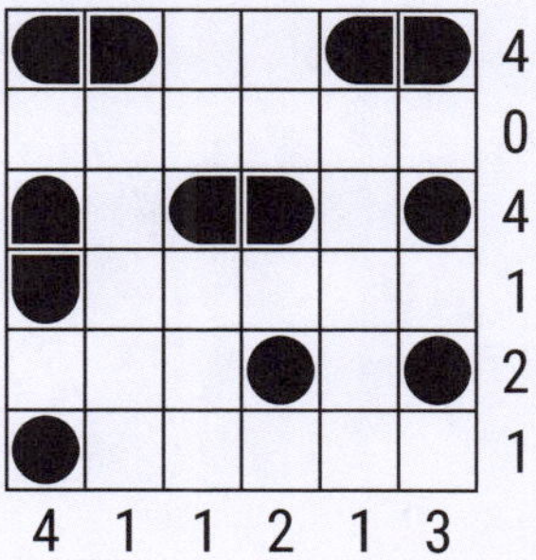

#21

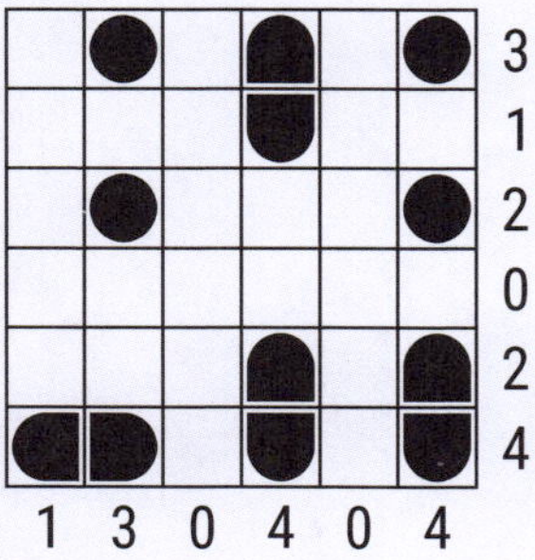

#22

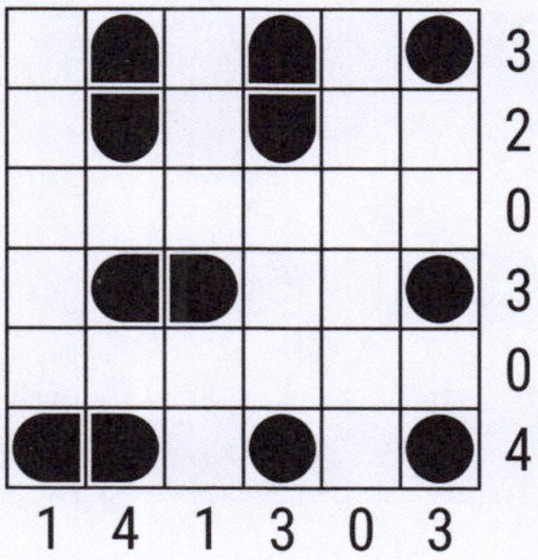

#23

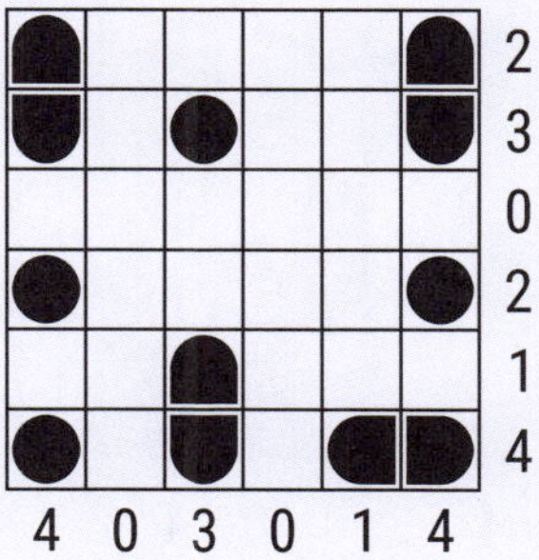

11

GANYAKU (soluciones)

#24

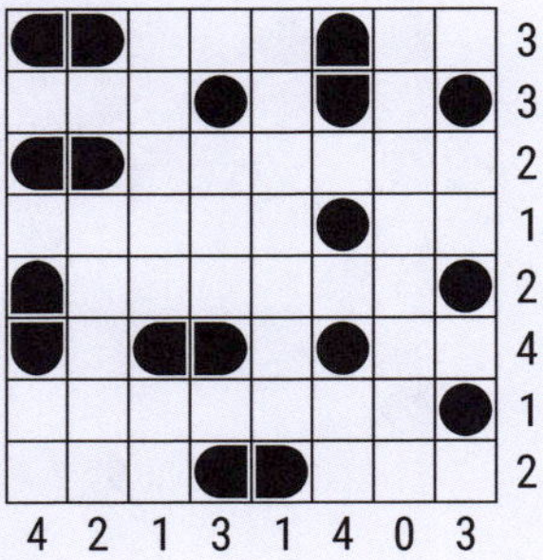

#25

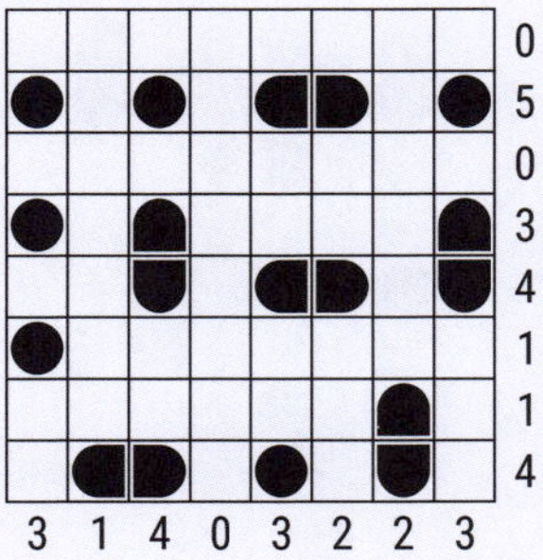

#26

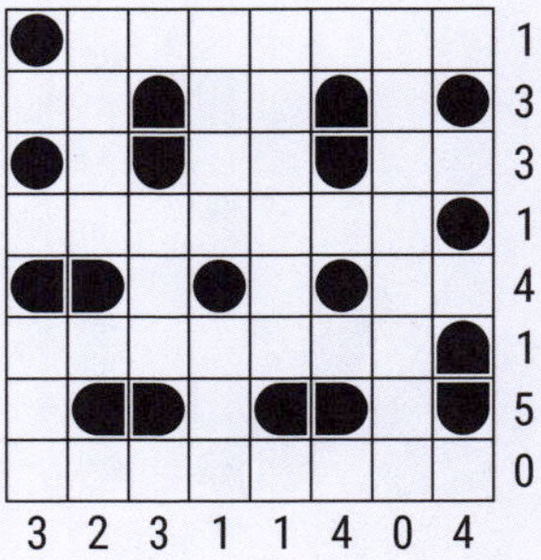

#27

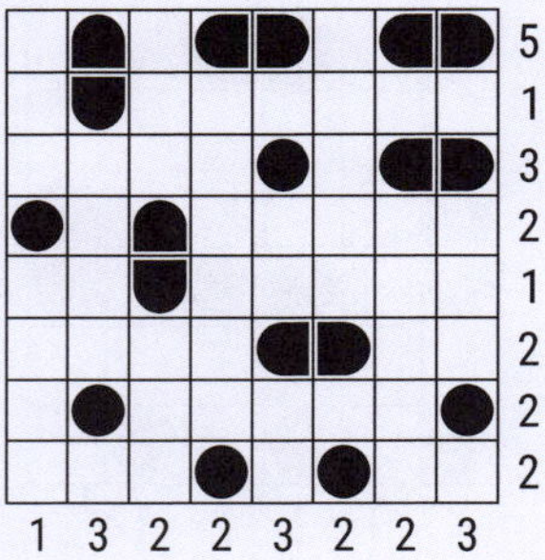

#28

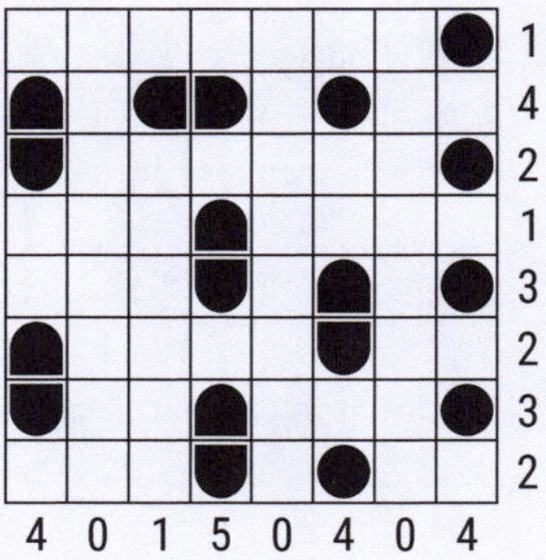

#29

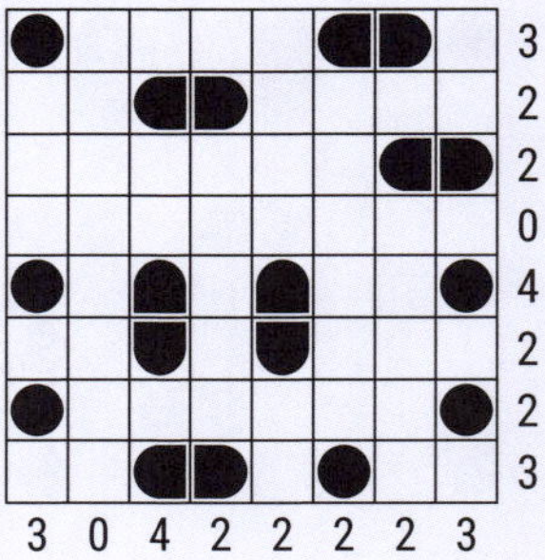

12 PINCHOS

La idea de realizar los **pinchos** surgió para generar un pasatiempo con el que se pudieran practicar sumas con números pequeños que no requiriera de calculadoras.

Ruta del valle de Froseira y embalse de Doiras
Una preciosa ruta con paisajes extraordinarios en Boal.
Sencillamente: sin palabras.

Qué son los PINCHOS

Para resolver este pasatiempo tienes que colocar los números del 1 al número de círculos con letras de tal manera que las sumas de los valores que atraviesa cada pincho sea la indicada en su extremo.

#00

Descubre los números del 1 al 4

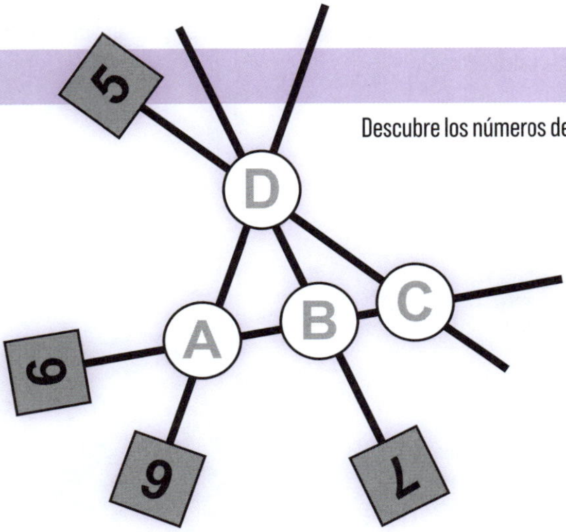

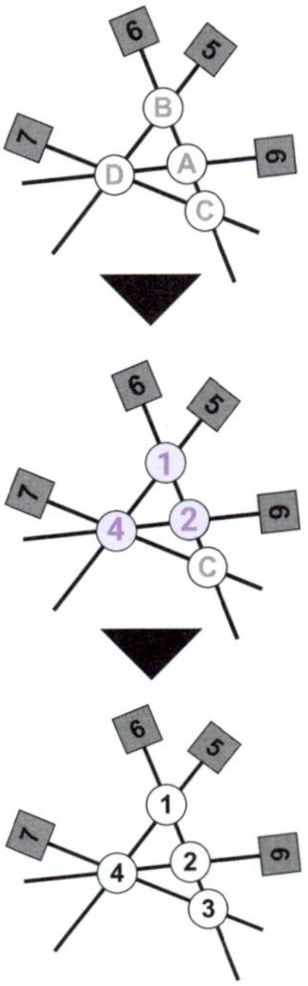

Ejemplo resuelto, para que puedas entender mejor en qué consiste el pasatiempo.

#01

Descubre los números del 1 al 5

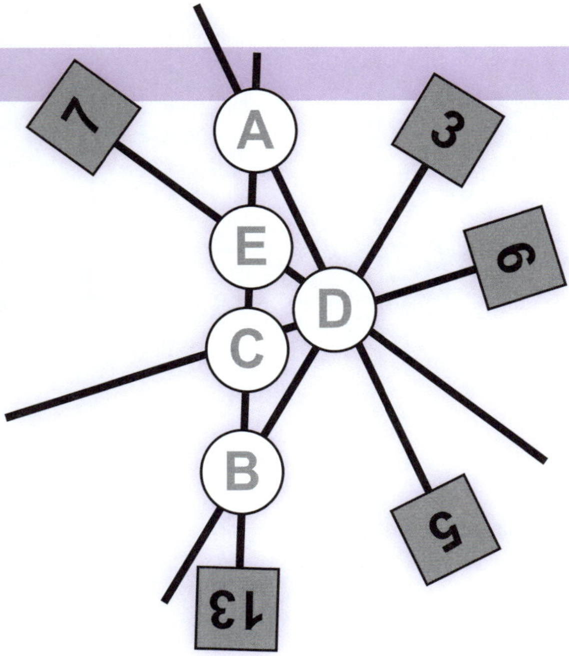

#02

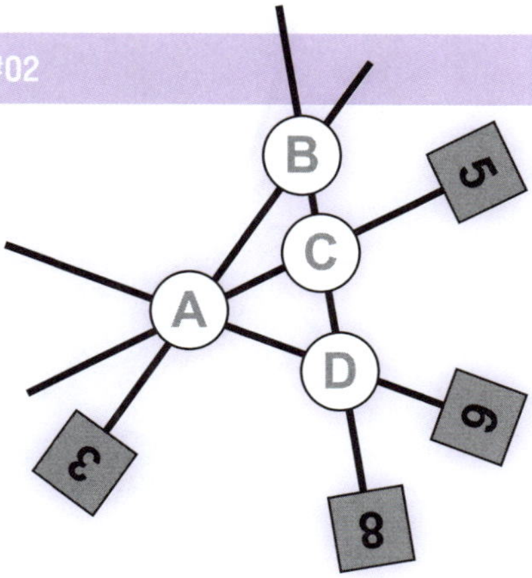

#03

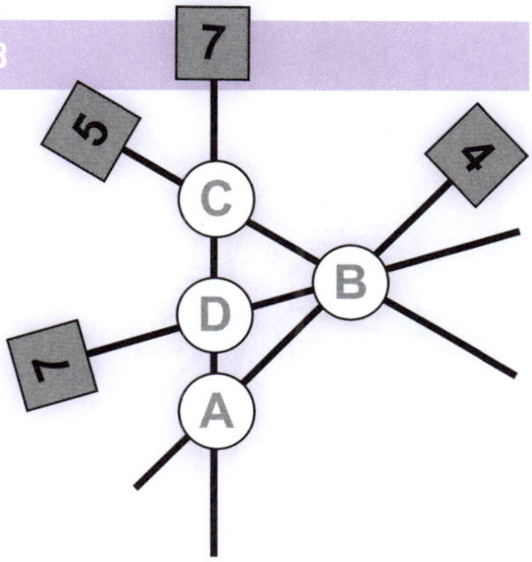

#04

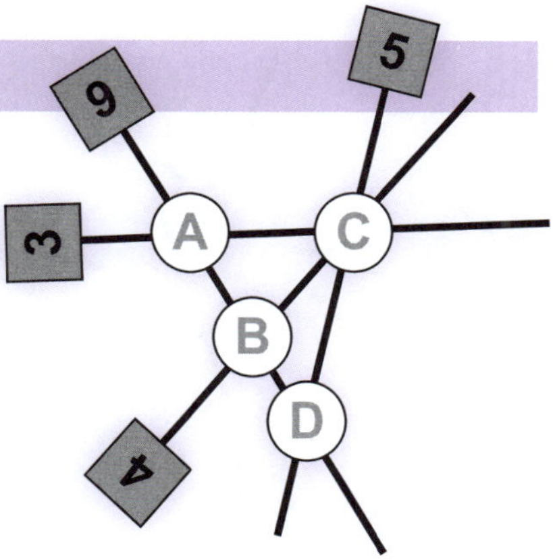

#05

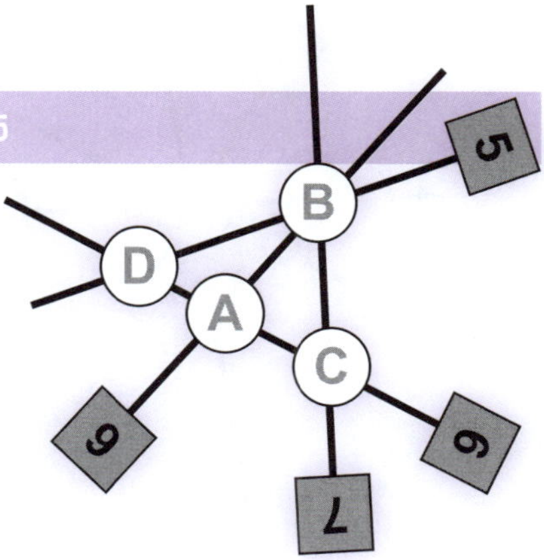

#06

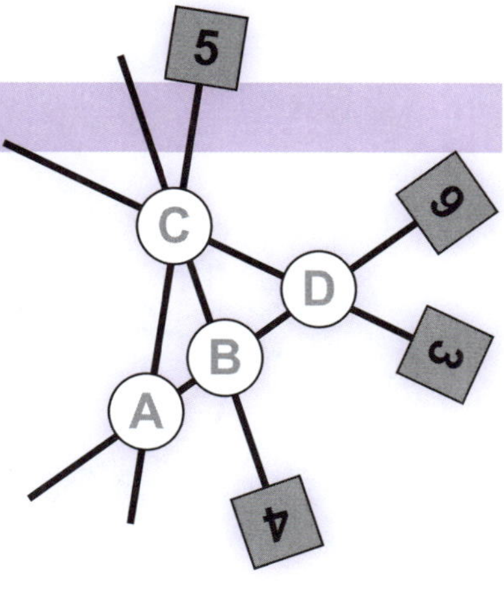

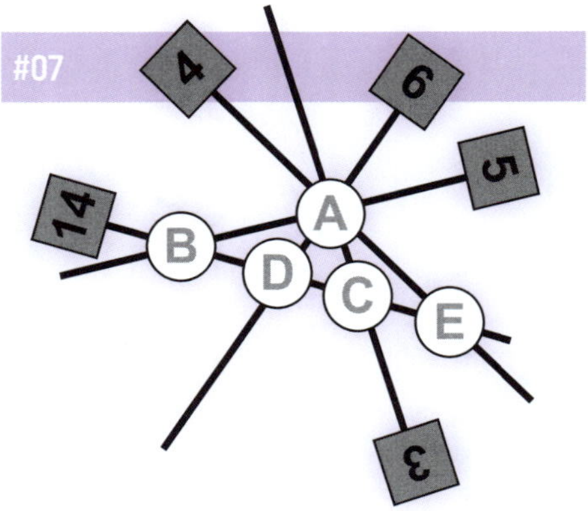
#07

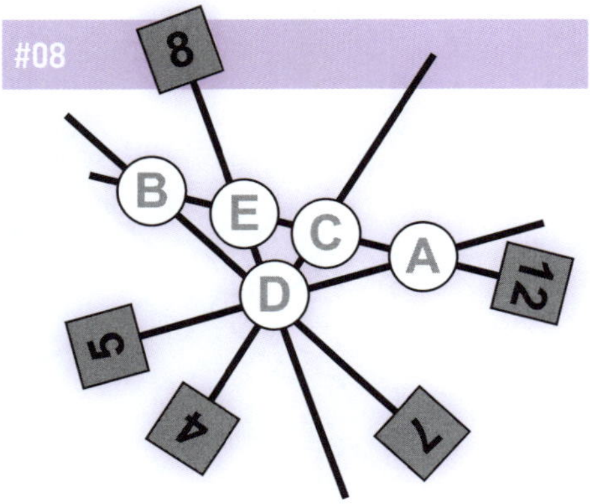
#08

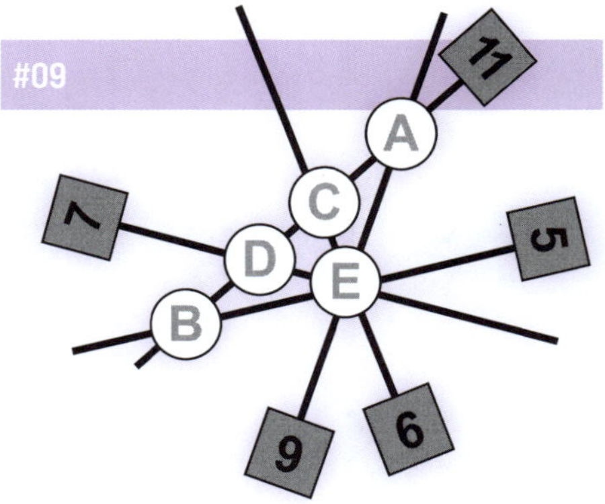
#09

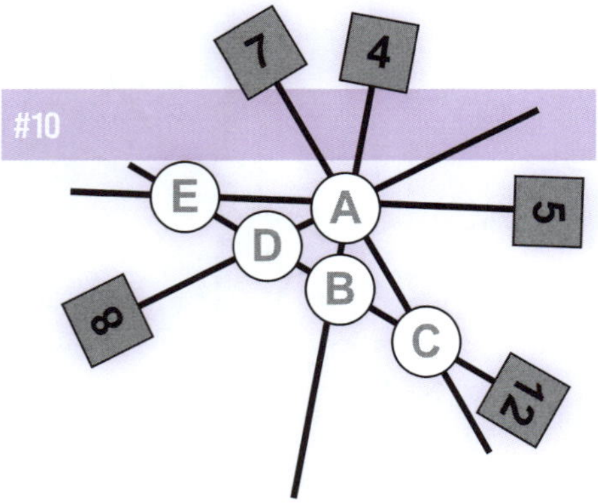
#10

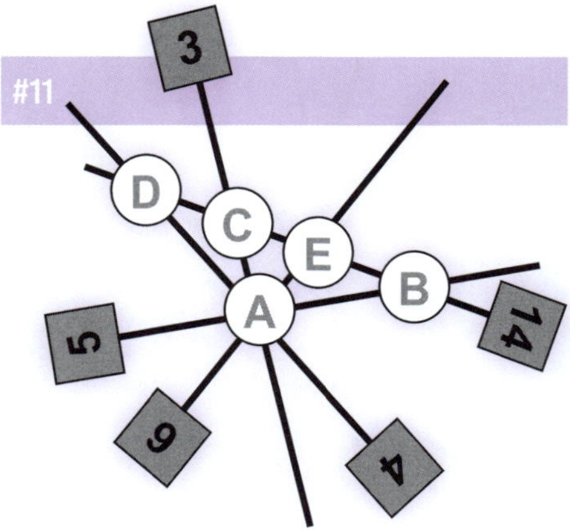
#11

#12

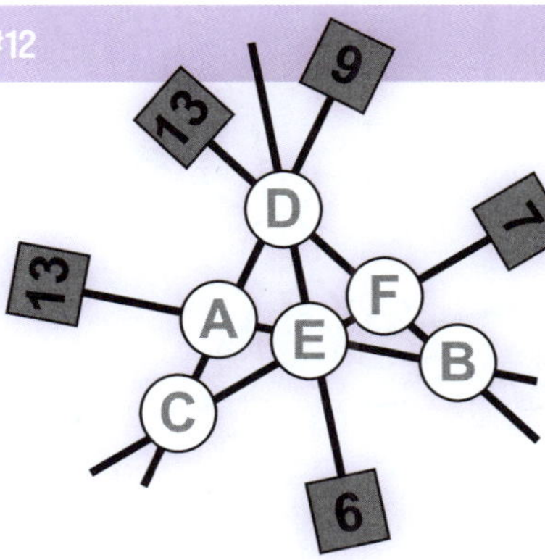
9
13
D
7
13
F
A
E
B
C
6

#13

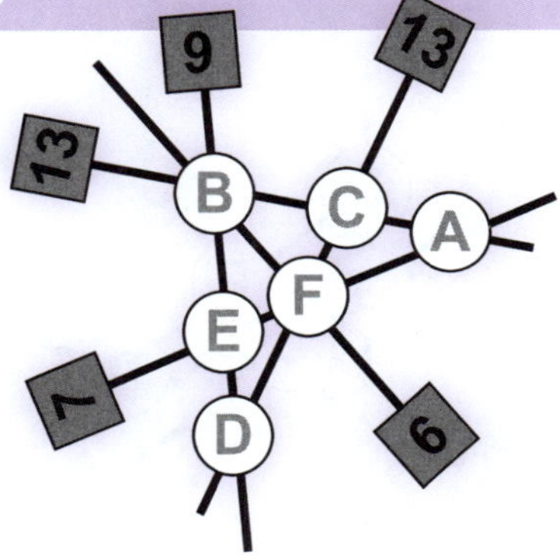
9
13
13
B
C
A
F
E
7
D
6

#14

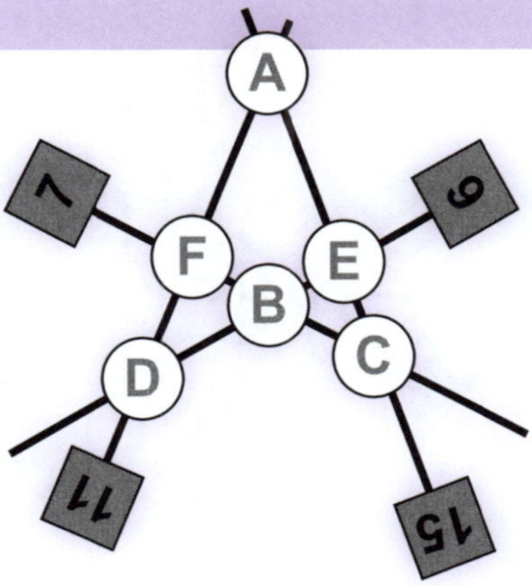
A
7
6
F
E
B
C
D
11
15

#15

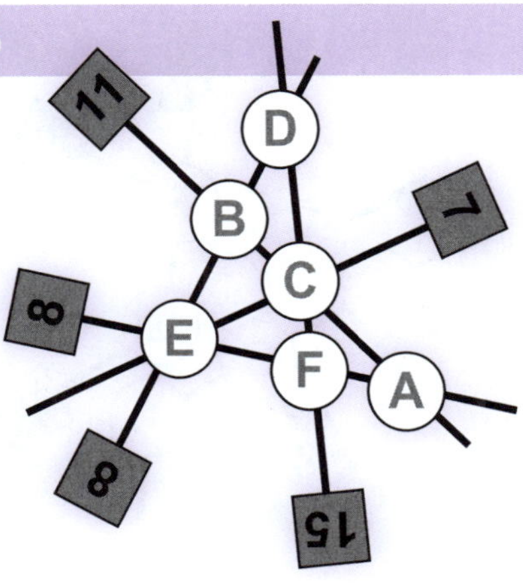
11
D
B
7
C
8
E
F
A
8
15

#16

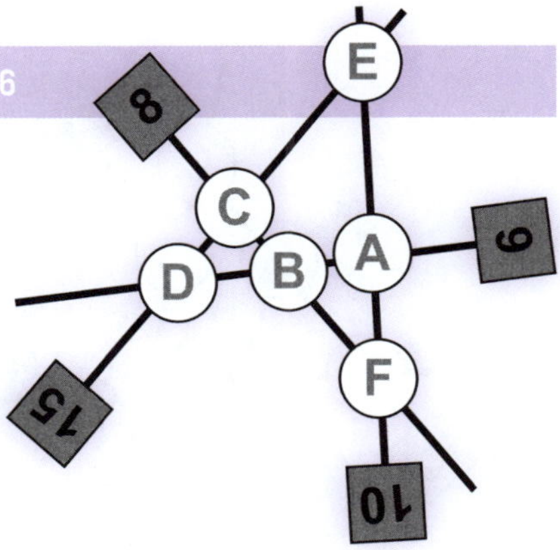
E
8
C
A
6
D
B
F
15
10

#17

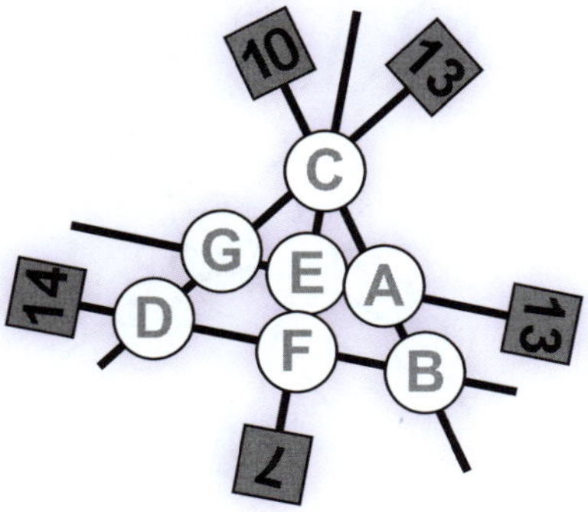
10
13
C
G
E
A
14
D
F
13
B
7

#18

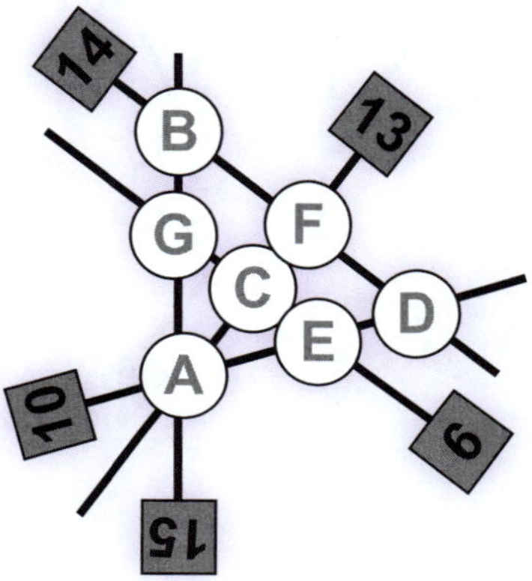
14
B
13
G
F
C
D
E
A
10
9
15

#19

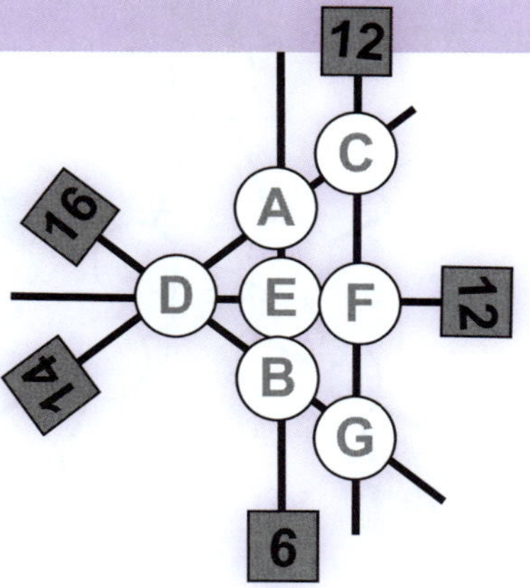
12
C
A
16
D
E
F
12
14
B
G
6

#20

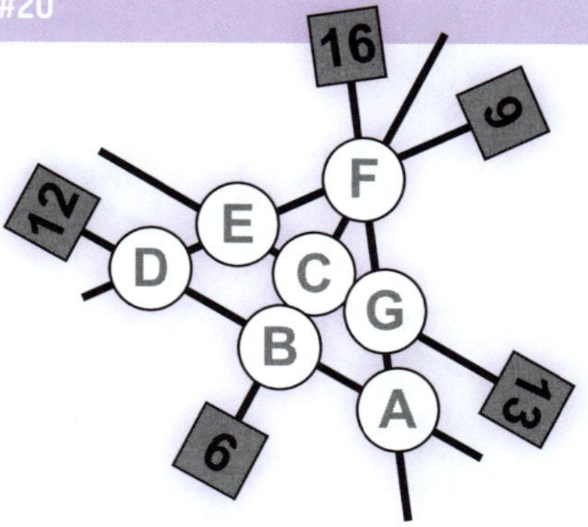
16
9
F
12
E
D
C
G
B
13
A
6

#21

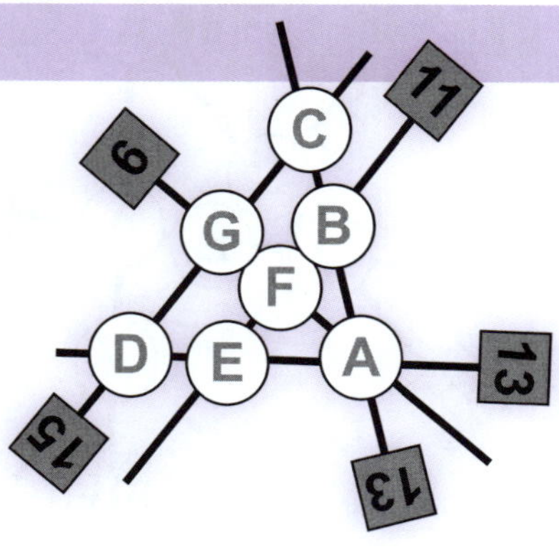
C
11
6
G
B
F
D
E
A
13
15
13

12

PINCHOS (soluciones)

#00

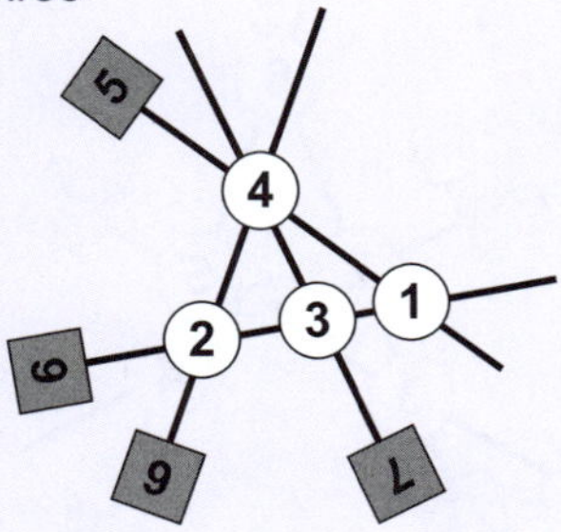

#01

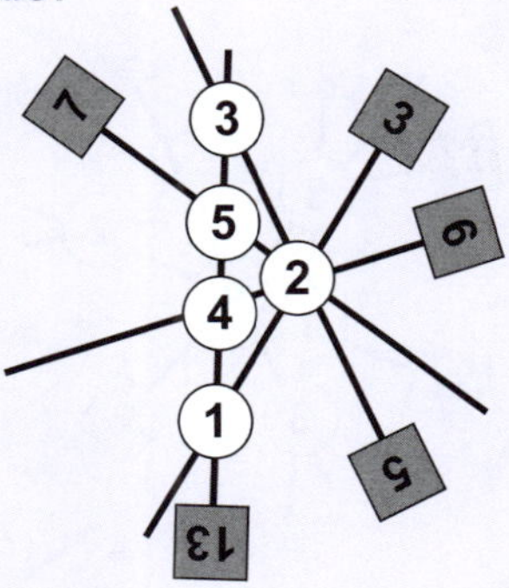

#02

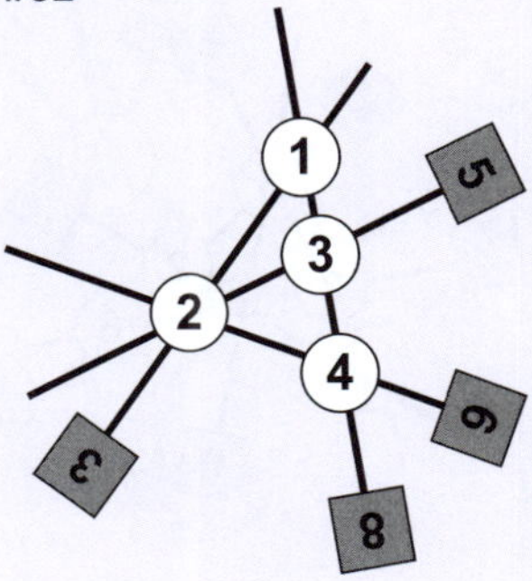

#03

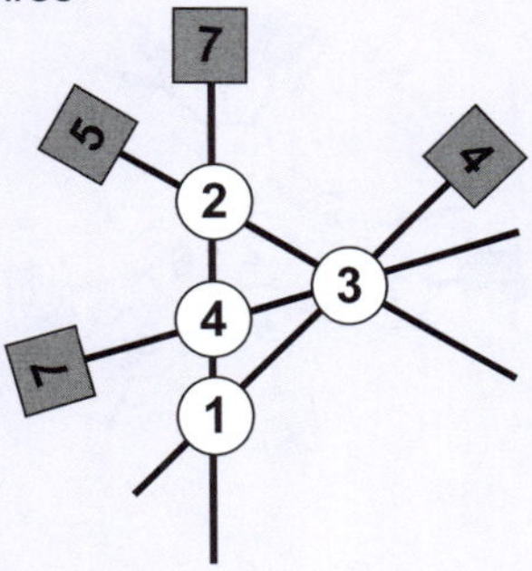

#04

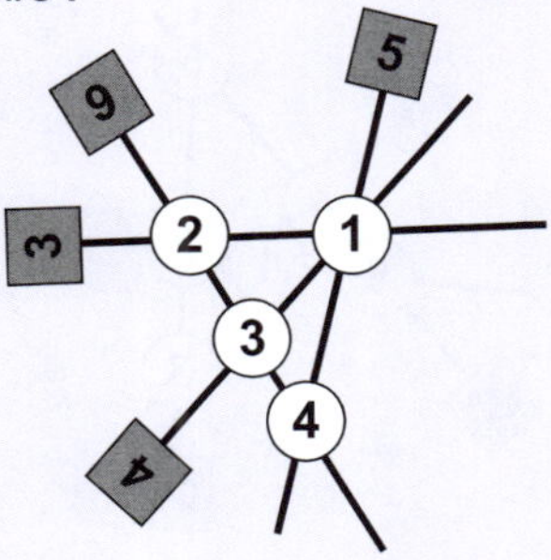

#05

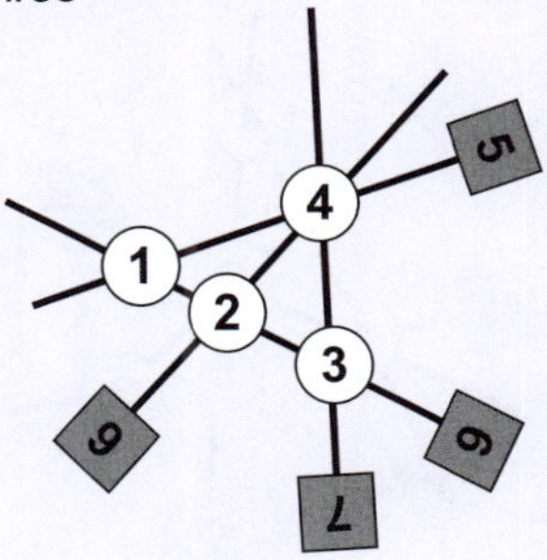

#06

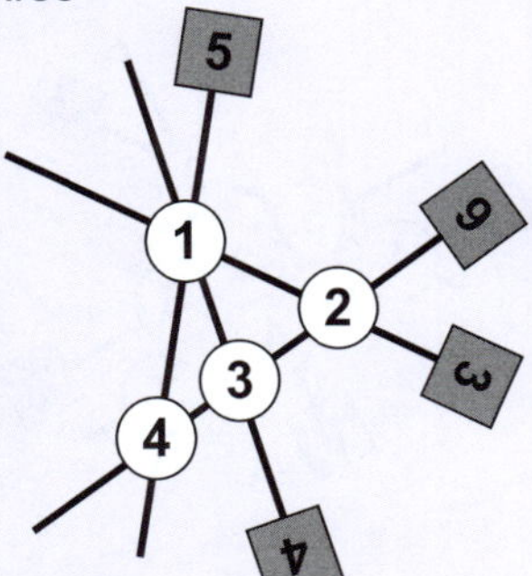

#07

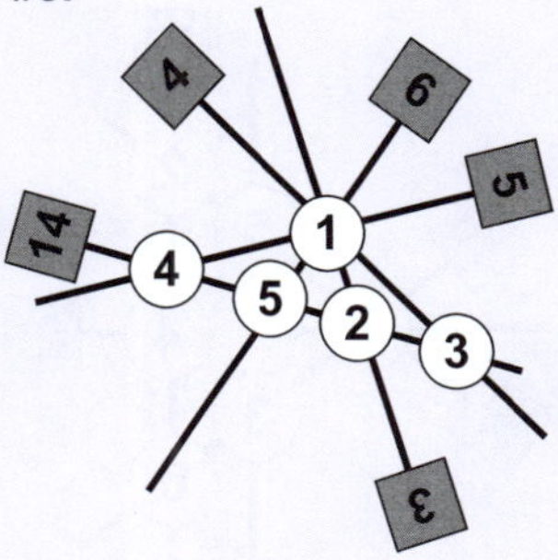

#08

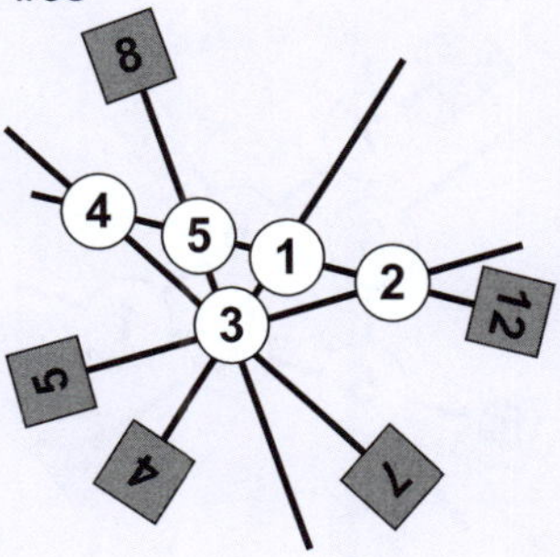

#09

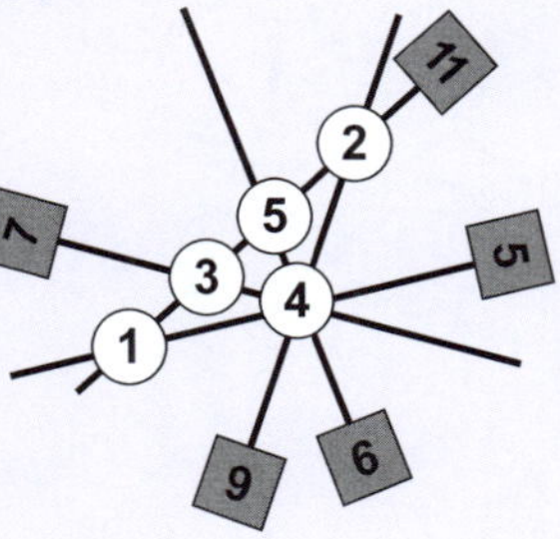

#10

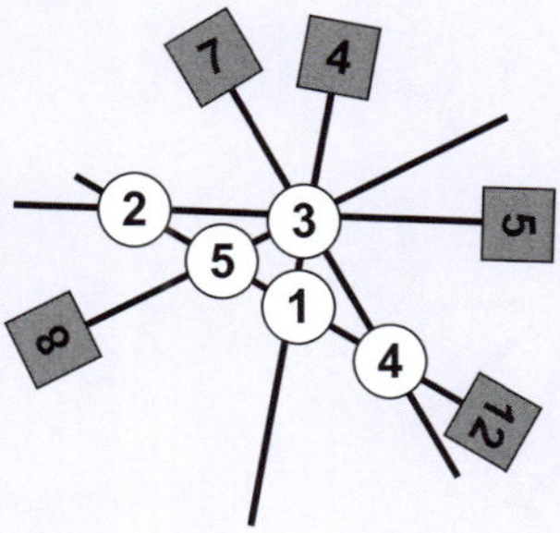

#11

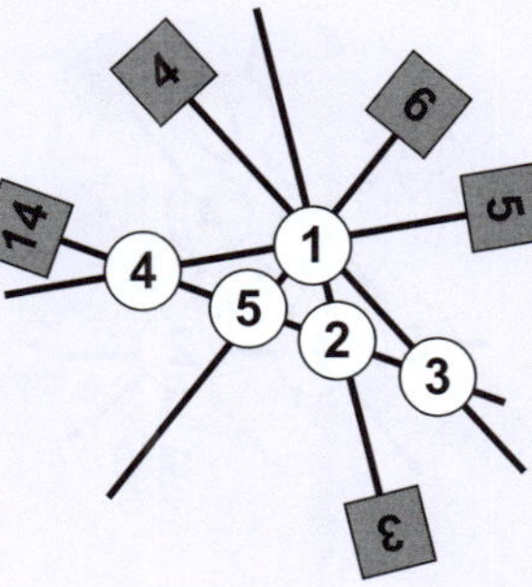

12

PINCHOS (soluciones)

#12

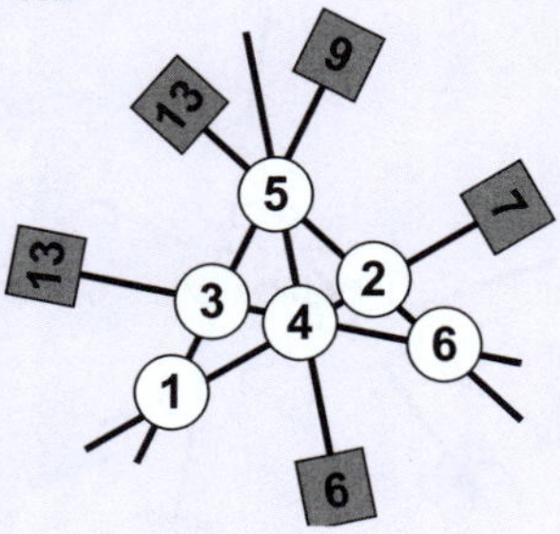

#13

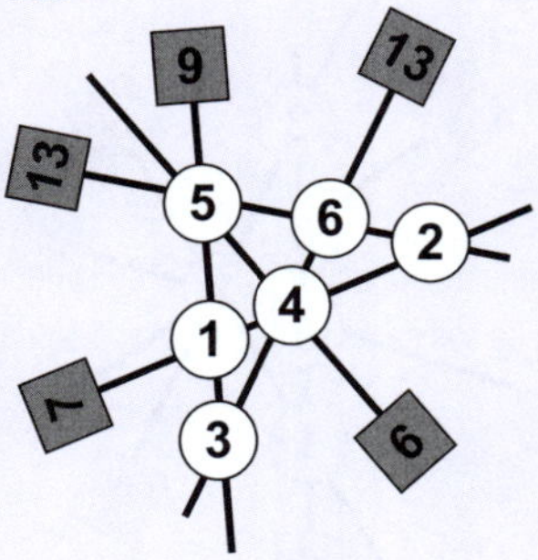

#14

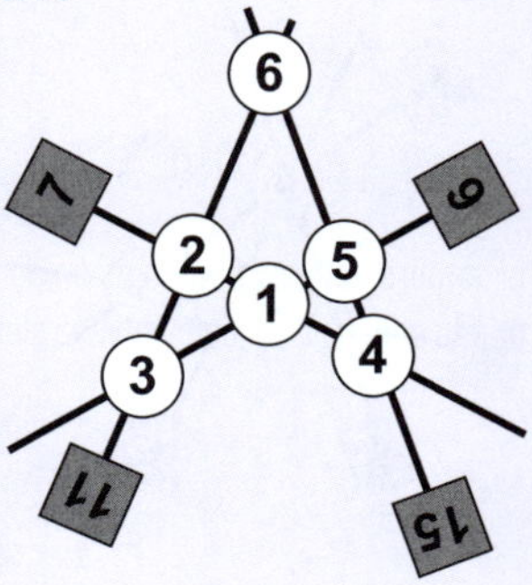

#15

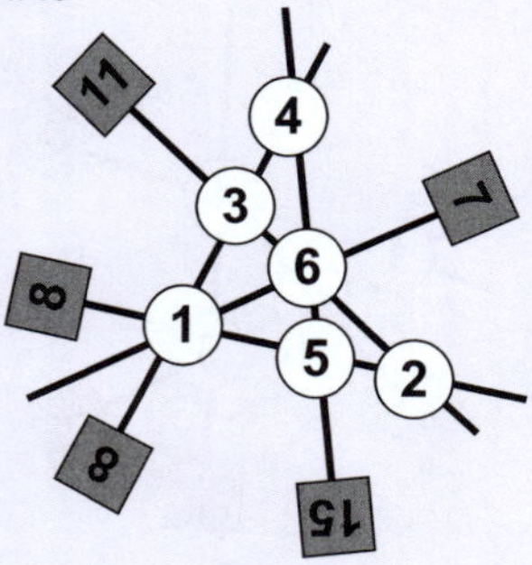

#16

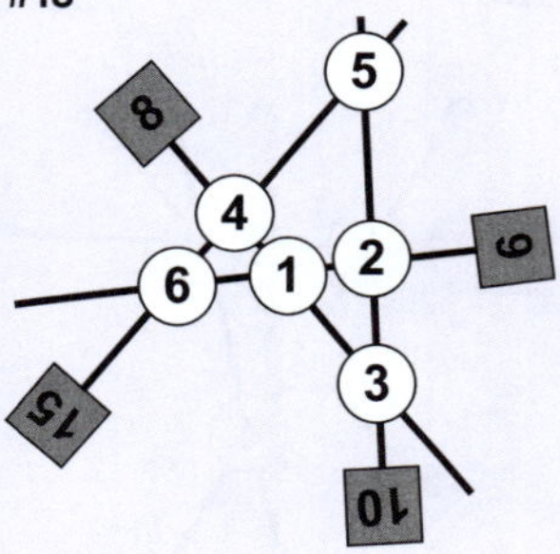

#17

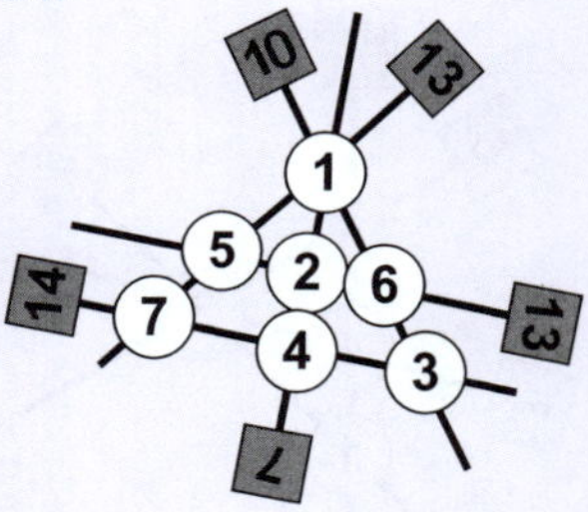

#18

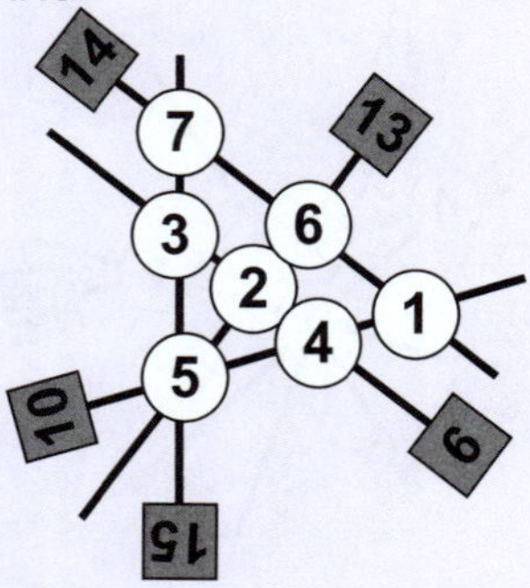

#19

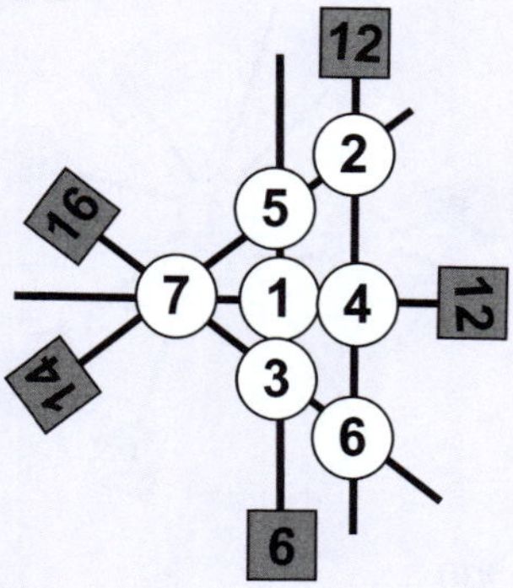

#20

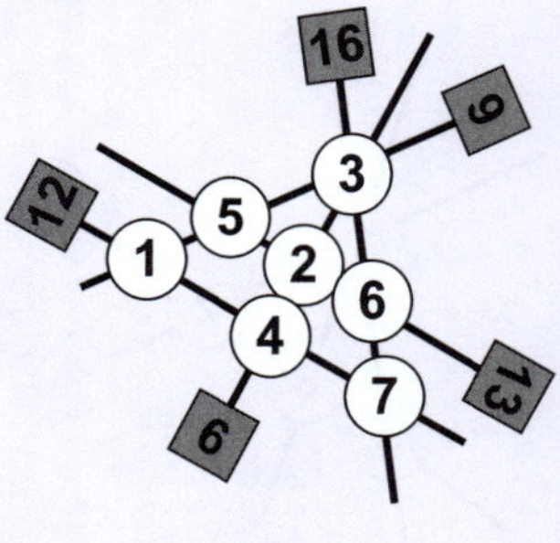

#21

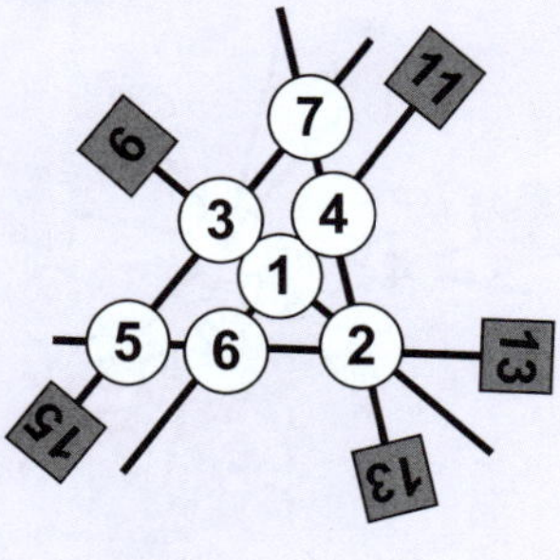

13

DEDUDADOS

El nombre del pasatiempo es un acrónimo de **ded**ucir los **dados**. Cada dedudado es un "recortable" con el que se puede construir un dado cuyos valores de sus caras se deducen a partir de varias pistas.

Iglesia de Santiago (1834)
Parroquia de Boal, de planta de cruz latina, con espadaña a los pies y pórtico.

Qué son los DEDUDADOS

Cada dedudado es un dado extendido y tu objetivo es deducir los valores de las caras a partir de estas pistas:

- Las caras grises son valores **pares** (2, 4 y 6) y las blancas **impares** (1, 3 y 5).
- La línea gruesa divide el recortable en dos partes, y te damos el valor de una de las partes.
- Los valores 1-2-3 en torno a su vértice siguen el orden de las agujas del reloj. Lo mismo ocurre con el 4-5-6.

Ejemplo de razonamiento

1. Puesto que las caras opuestas de un dado suman 7, la suma de todas las caras de un dado es 21; y como sabemos que 4 de las caras suman 13, quiere decir que A + B = 8. Como ambas casillas son blancas, esto quiere decir que son impares y, por tanto, los números deberán ser un 5 y un 3, aunque no sabemos en qué orden. Lo que sí podemos deducir es que C = 1, porque las otras dos caras son las opuestas al 5 y al 3, o sea, el 2 y el 4, y por tanto D = 6 al ser su opuesto para que sumen ambas 7.
2. Si hacemos la conjetura de poner A = 5 y B = 3, implicaría que E = 4 y F = 2.
3. Si observamos el vértice donde se juntan el 1, 2 y 3 —hemos trasladado el 3 a una posición contigua para verlo mejor—, observamos que el orden es levógiro, es decir, contrario a las agujas de un reloj. Esto no es así en nuestros dados occidentales.
4. La posición deberá ser pues A = 3 y B = 5, con lo que vemos entonces cómo el recorrido 1 - 2 - 3 en este caso es dextrógiro y, por tanto, el correcto.

dado

[Quizá del ár. clás. a‘dād, ‘números’]

1. m. Pieza cúbica de hueso, marfil u otra materia, en cuyas caras hay señalados puntos desde uno hasta seis, y que sirve para varios juegos de fortuna o de azar.

(Definición de la RAE)

Para saber más sobre los dados.

#01
6

#02
14

#03
12

#04
5

#05
11

#06
12

#07

#08

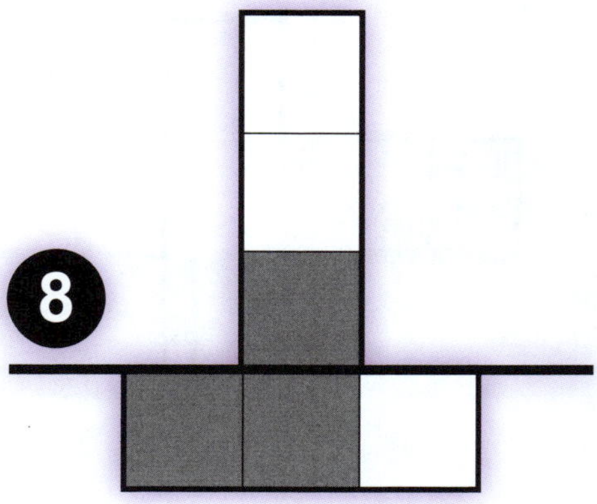

#09

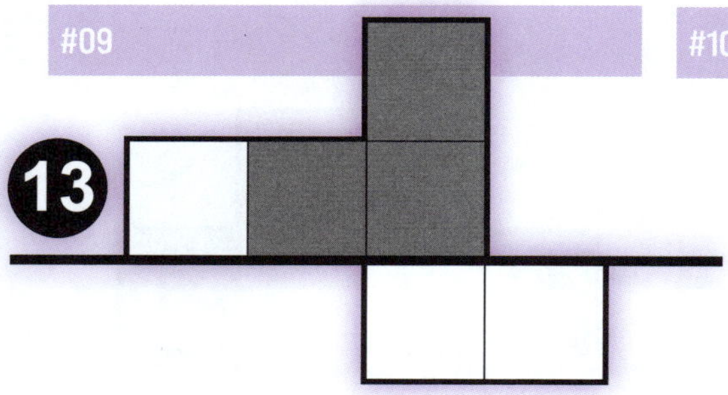

#10

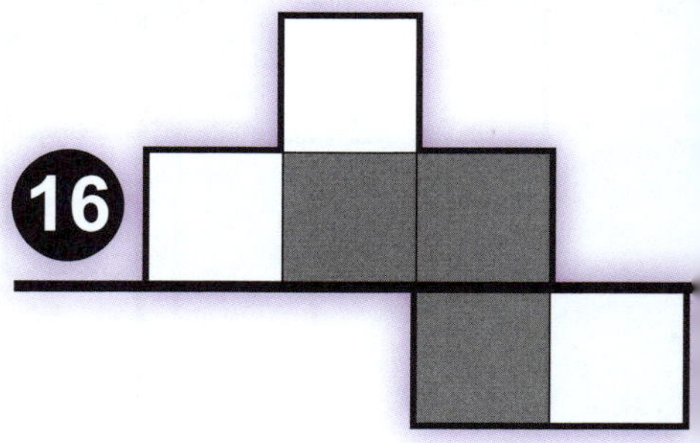

#11

#12

#13

#14

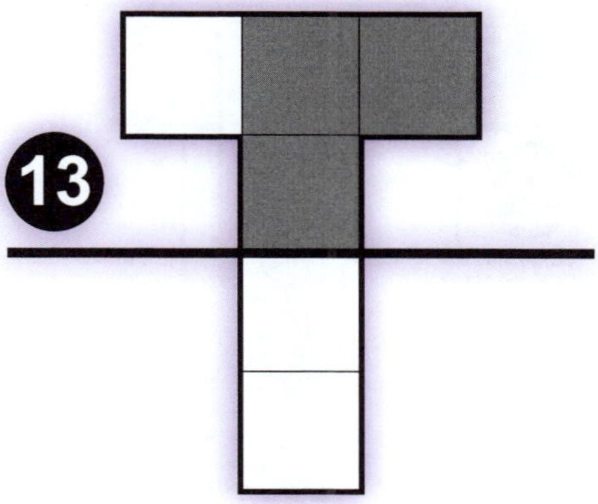

#15

#16

#17

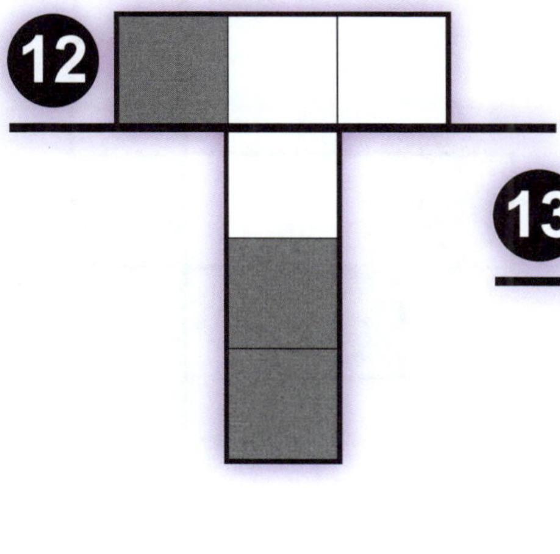

#18

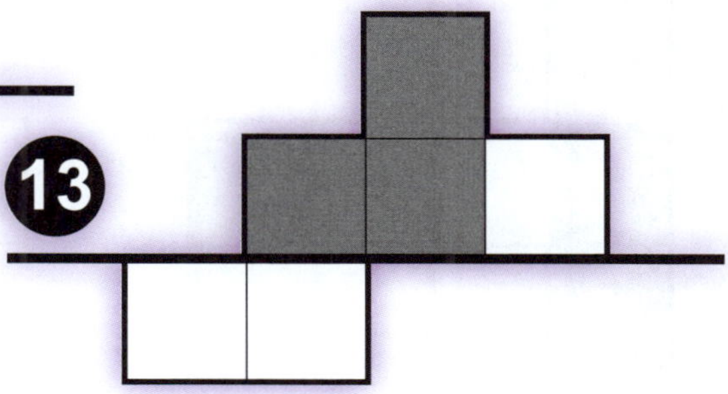

#19

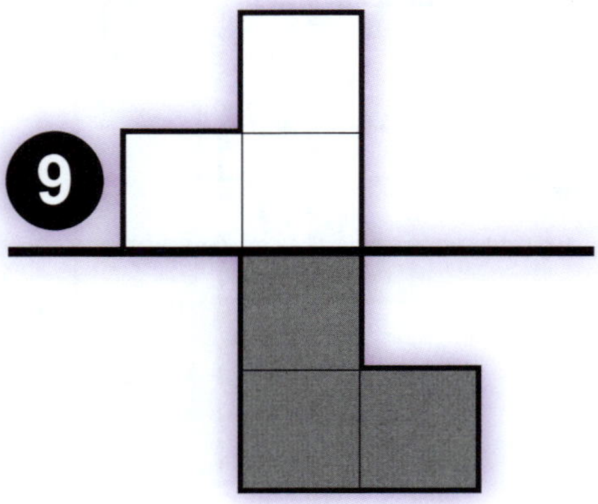

#20

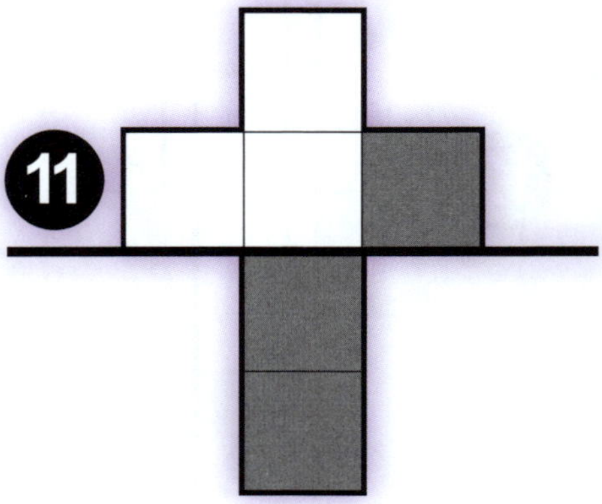

#21

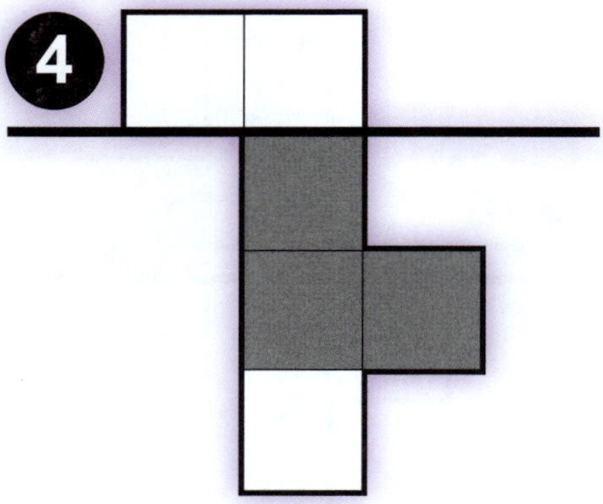

#22

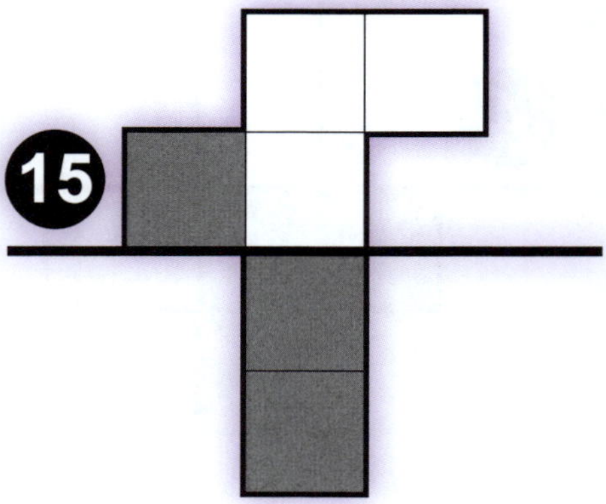

#23

#24

#25

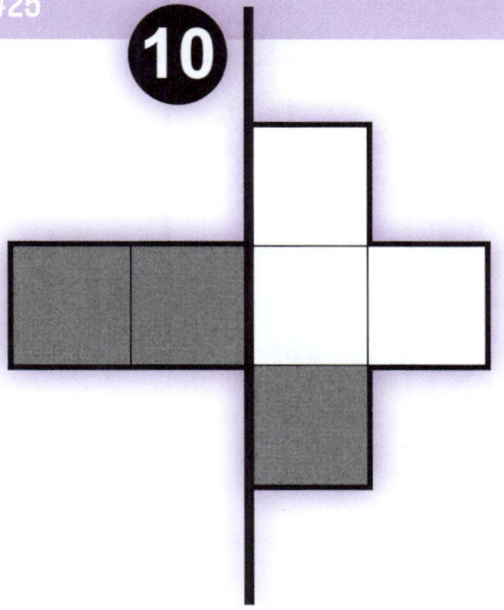

#26

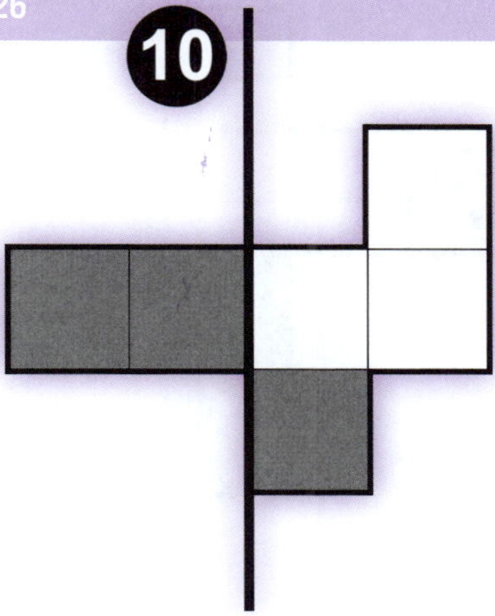

#27

#28

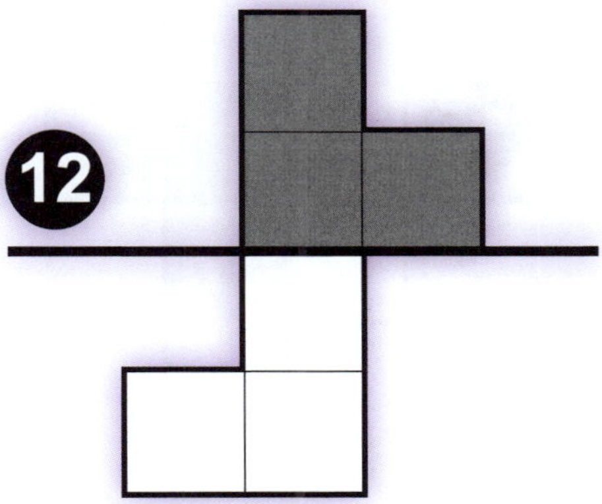

#29

#30

#31

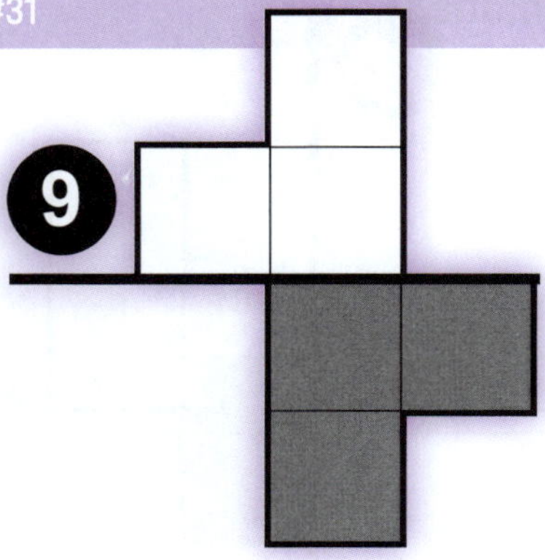

#32

#33

#34

#35

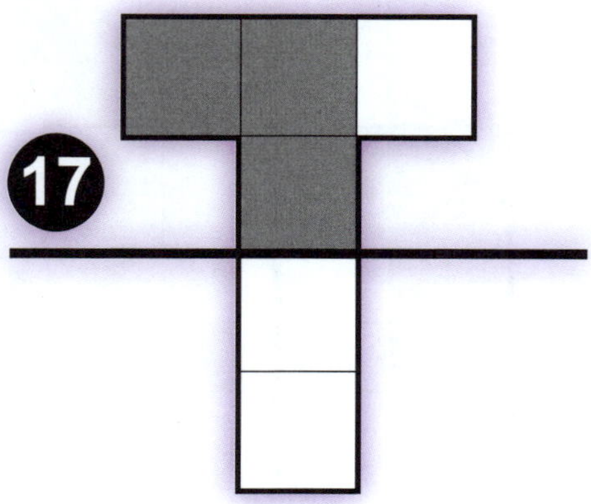

#36

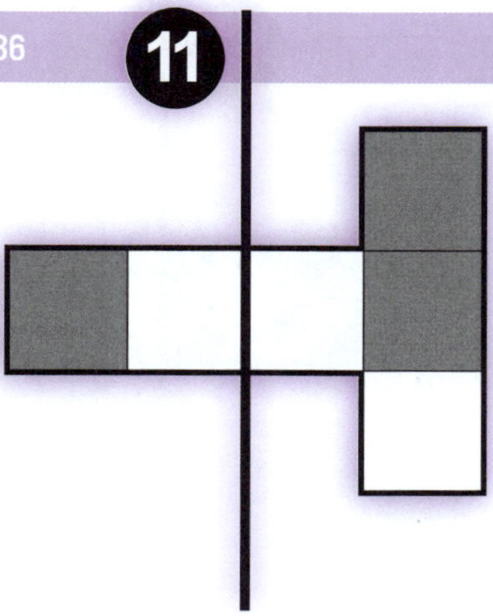

13

DEDUDADOS (soluciones)

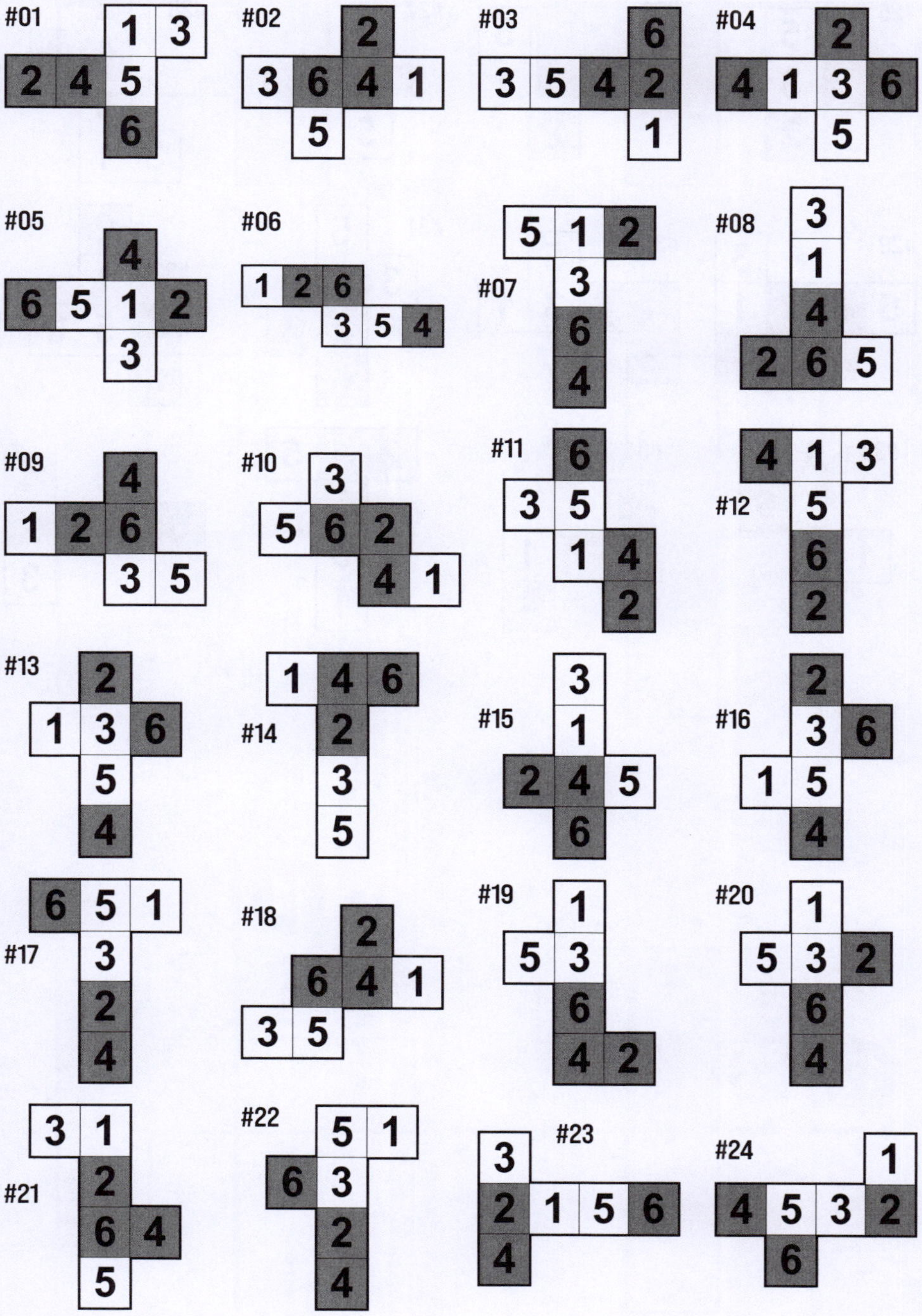

13

DEDUDADOS (soluciones)

#25

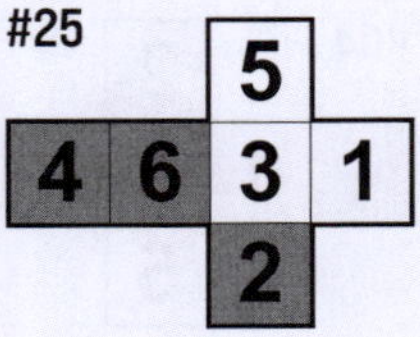

#26

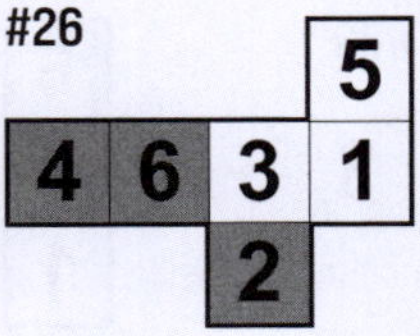

#27

#28

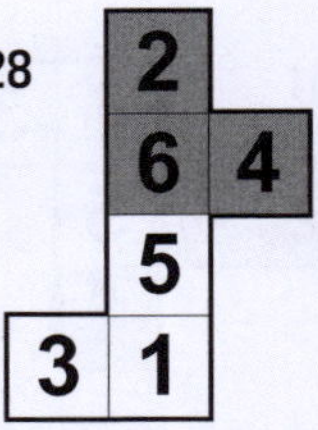

#29

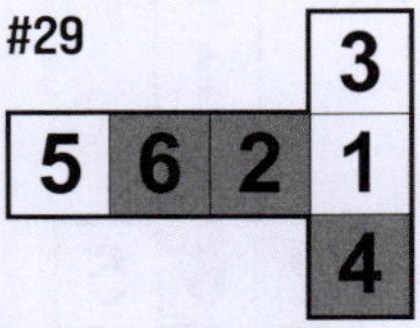

#30

#31

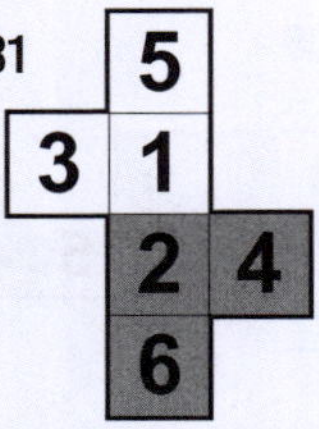

#32

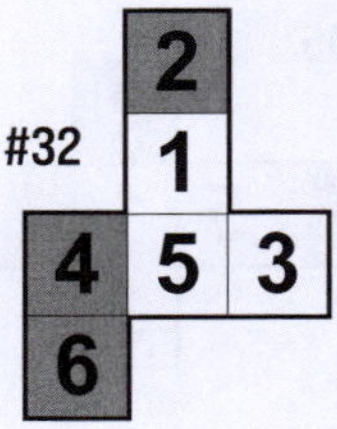

#33

#34

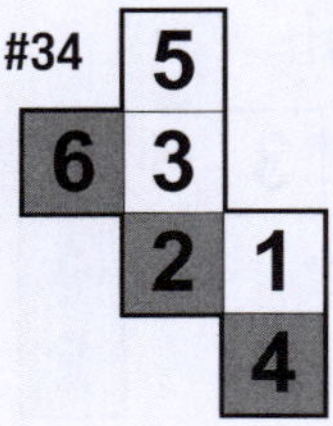

#35

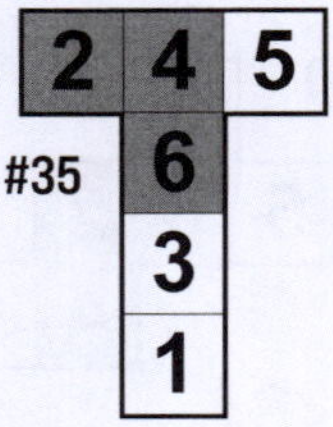

#36

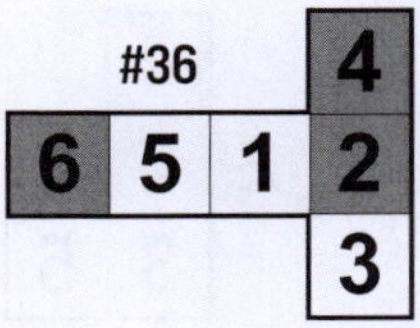

14

WORDOKUS RAROS

Hace más de 20 años que publiqué los primeros wordokus en España.
Desde entonces, he realizado muchas variantes, curiosidades y aplicaciones.

Castro de Pendia
Descubierto en 1898, es uno de los mejores de Asturias, junto al cercano de Coaña.
Una curiosidad: tiene incluso una sauna.

14

WORDOKU (sudoku palabras)

El objetivo del pasatiempo es descubrir la palabra misteriosa que aparece en las casillas coloreadas, teniendo en cuenta que el wordoku funciona como un sudoku, pero con letras: no se puede repetir ninguna letra en cada una de las columnas, filas o regiones.

	A		
R			
			S
	S	O	

▼

	A		
R	●		
	R		S
	S	O	

▼

S	A	R	O
R	O	S	A
O	R	A	S
A	S	O	R

Ejemplo resuelto, para que puedas entender mejor en qué consiste el pasatiempo.

¿Sabías que...

El primer wordoku publicado en España apareció en 2005 en un libro titulado *Super SuDokus*, todo un compendio de ideas basadas en sudokus. Su autor también lo es de este libro que tienes en tus manos.

CONSEJOS para resolver el pasatiempo:

1. Cada pasatiempo tiene una solución única.
2. Todos los wordokus se deducen de forma lógica: no hace falta adivinar.
3. Busca columnas o filas donde solo falte una letra.
4. Lo mismo podrás hacer con las regiones: deben ser todas sus letras diferentes.

#00

	N	O	
	L		
		E	

Este wordoku es de 4x4, similar al del ejemplo, para que practiques, aunque después de esta página ya todos serán de 9x9 casillas, la medida estándar de los sudokus.

#01

	U				M
E			I		U
L		I			
	E				
	M	U			

Otro ejemplo de 6x6, para que "completes tu formación" antes de empezar la carrera de los wordokus raros.

#02

					E	A	P	
			N		O			
G		M		I				
		A				M		P
								O
	I			N	P			
	A		I	M				
		O				R		
		P			G	N	E	

El papel de antes.

#03

O								U
			T					
U		E				O		A
E		P						
C		I	O			A		
			E				L	
	A			P	I		E	
					U			
	I					L		P

Abundante en Galicia.

#04

C								
					R	N		
			A		E	S		G
						G		N
N		O			C			R
		T	E				A	
				C				
	O		G					
		N		T		R		A

Una ciudad.

#05

R	U		X		E		D	
L		E	I				R	X
	D		A			U		C
				X	I	R	C	
U			L					
D	X					L	I	U
E		X	D		U			R
	A		E		R	X		

Otra, con dos palabras. Puede haber letras que no uses.

#06

				0			I	
E			I			3	R	
			E					
			O			R		
0	O	I	F					
3	T					0		
		E		T				O
			3	F		E		
			0		E			

Protagonista y altura.

#07

		I		L			U	
	X							Q
Q				E		F		Ñ
	Q			X			A	
L							I	U
					F			
				I		U		
F		Ñ				L		
E	I			Q			F	

Un enclenque.

#08

	T						8	
					8			Y
Y			R		1	9		
A						L		9
L			O		Y	A		
R							O	
			9	O			1	L
			1		A			
		O					R	

Artista y obra.

#09

			A		I			
	C					L		
				L				D
		S			D	V		C
				I		O		
O			P				A	I
	L				C			P
	V					I		
	O		S		A			

Artista y su obra.

#10

			E					
					S			R
E	G			M		Y		A
				A		M		
	Y				O		G	
					Y		S	
	E						R	L
R		A						G
	L			S	G			

Descubre unos personajes muy queridos.

#11

		6		7			1	
9	3		5		6			8
					9	7		5
			6			1		
7		4		3				
		9					3	2
	5	2			4	8		
							7	

En las casillas grises podrás descubrir día, mes y año de fallecimiento de un personaje mientras que en las casillas moradas descubrirás su fecha de nacimiento, aunque en este caso no lo verás en línea sino en dos "filas" que en seguida te darás cuenta cómo se leen.

Una **pista**: si dudas pregunta al #01.

14

WORDOKUS (soluciones)

#00

E	N	O	L
O	L	N	E
N	E	L	O
L	O	E	N

#01

G	U	E	L	I	M
E	L	M	I	G	U
M	I	G	U	E	L
L	G	I	M	U	E
U	E	L	G	M	I
I	M	U	E	L	G

#02

O	R	I	M	G	E	A	P	N
A	P	E	N	R	O	G	I	M
G	N	M	P	I	A	O	R	E
N	O	A	R	E	I	M	G	P
P	E	R	G	A	M	I	N	O
M	I	G	O	N	P	E	A	R
E	A	N	I	M	R	P	O	G
I	G	O	E	P	N	R	M	A
R	M	P	A	O	G	N	E	I

#03

O	C	L	I	E	A	P	T	U
I	P	A	T	U	O	E	C	L
U	T	E	P	C	L	O	I	A
E	L	P	U	A	C	I	O	T
C	U	I	O	L	T	A	P	E
A	O	T	E	I	P	U	L	C
L	A	U	C	P	I	T	E	O
P	E	O	L	T	U	C	A	I
T	I	C	A	O	E	L	U	P

#04

C	S	E	N	G	T	A	R	O
O	A	G	C	S	R	N	T	E
T	N	R	A	O	E	S	C	G
A	E	C	T	R	O	G	S	N
N	G	O	S	A	C	T	E	R
S	R	T	E	N	G	O	A	C
G	T	A	R	C	N	E	O	S
R	O	S	G	E	A	C	N	T
E	C	N	O	T	S	R	G	A

#05

R	U	A	X	C	E	I	D	L
L	C	E	I	U	D	A	R	X
X	D	I	A	R	L	U	E	C
A	E	L	U	X	I	R	C	D
U	I	R	L	D	C	E	X	A
D	X	C	R	E	A	L	I	U
I	R	U	C	A	X	D	L	E
E	L	X	D	I	U	C	A	R
C	A	D	E	L	R	X	U	I

#06

R	F	L	T	0	3	O	I	E
E	0	T	I	O	F	3	R	L
O	I	3	E	L	R	T	F	0
L	E	F	O	3	0	R	T	I
0	O	I	F	R	T	L	E	3
3	T	R	L	E	I	0	O	F
F	3	E	R	T	L	I	0	O
I	R	0	3	F	O	E	L	T
T	L	O	0	I	E	F	3	R

#07

Ñ	F	I	X	L	Q	E	U	A
U	X	E	A	F	Ñ	I	L	Q
Q	L	A	U	E	I	F	X	Ñ
I	Q	U	L	X	E	Ñ	A	F
L	E	F	Q	Ñ	A	X	I	U
A	Ñ	X	I	U	F	Q	E	L
X	A	Q	F	I	L	U	Ñ	E
F	U	Ñ	E	A	X	L	Q	I
E	I	L	Ñ	Q	U	A	F	X

#08

9	T	A	Y	L	O	R	8	1
O	1	R	A	9	8	T	L	Y
Y	L	8	R	T	1	9	A	O
A	O	1	8	R	T	L	Y	9
L	8	9	O	1	Y	A	T	R
R	Y	T	L	A	9	1	O	8
T	A	Y	9	O	R	8	1	L
8	R	L	1	Y	A	O	9	T
1	9	O	T	8	L	Y	R	A

#09

D	P	L	A	S	I	C	V	O
V	C	I	D	O	P	L	S	A
A	S	O	C	L	V	P	I	D
L	I	S	O	A	D	V	P	C
C	A	P	V	I	S	O	D	L
O	D	V	P	C	L	S	A	I
S	L	D	I	V	C	A	O	P
P	V	A	L	D	O	I	C	S
I	O	C	S	P	A	D	L	V

#10

L	R	Y	E	O	A	G	M	S
A	O	M	Y	G	S	L	E	R
E	G	S	L	M	R	Y	O	A
O	S	R	G	A	E	M	L	Y
M	Y	L	S	R	O	A	G	E
G	A	E	M	L	Y	R	S	O
S	E	G	A	Y	M	O	R	L
R	M	A	O	E	L	S	Y	G
Y	L	O	R	S	G	E	A	M

#11

5	8	6	4	7	2	3	1	9
9	3	7	5	1	6	4	2	8
2	4	1	3	8	9	7	6	5
3	2	5	6	9	8	1	4	7
7	1	4	2	3	5	9	8	6
8	6	9	1	4	7	5	3	2
1	5	2	7	6	4	8	9	3
6	9	3	8	5	1	2	7	4
4	7	8	9	2	3	6	5	1

MIGUEL de Cervantes
(29/9/1547 - 22/4/1616)

15

CALAMITAS

Cuando publiqué por primera vez (ya hace años) este pasatiempo con el nombre de **brújulas**, pretendía que los jugadores practicaran su sentido de la orientación, sin usar ninguna regla ni elemento adicional, y descubrí que no solo era posible seguir el recorrido sino que los lectores se entretenían especialmente.
Por eso lo usé también en yincanas y escape rooms. Ahora le he dado un nuevo nombre para este libro, en realidad un sinónimo, que hace honor a la creatividad que domina esta obra.

Cárcel (1834)
Antigua cárcel de Boal, posteriormente vivienda cuando se trasladó a la cercana Armal.

Qué son las CALAMITAS*

Comienza en la casilla coloreada, situando mentalmente sobre ella la primera de las brújulas. La aguja negra te indica en qué dirección se encuentra la letra siguiente. Coloca en esta segunda letra la segunda brújula para descubrir la tercera letra, y así sucesivamente. Cuidado que a veces pasan muy justas.

Cuando termines, tendrás las letras ordenadas que te descubrirán a un personaje.

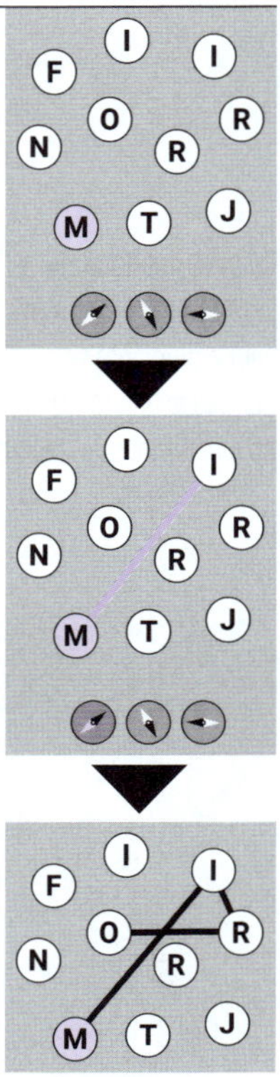

Ejemplo resuelto, para que puedas entender mejor en qué consiste el pasatiempo.

#01

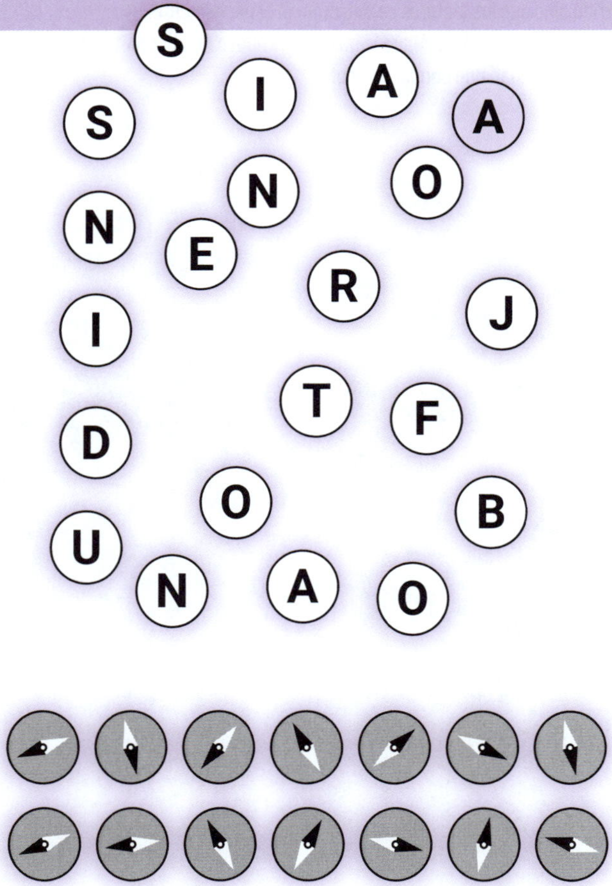

¿Cuál es el nombre y apellido del personaje?

* 2. f. **brújula** (instrumento para determinar las direcciones terrestres) (DRAE)

#02

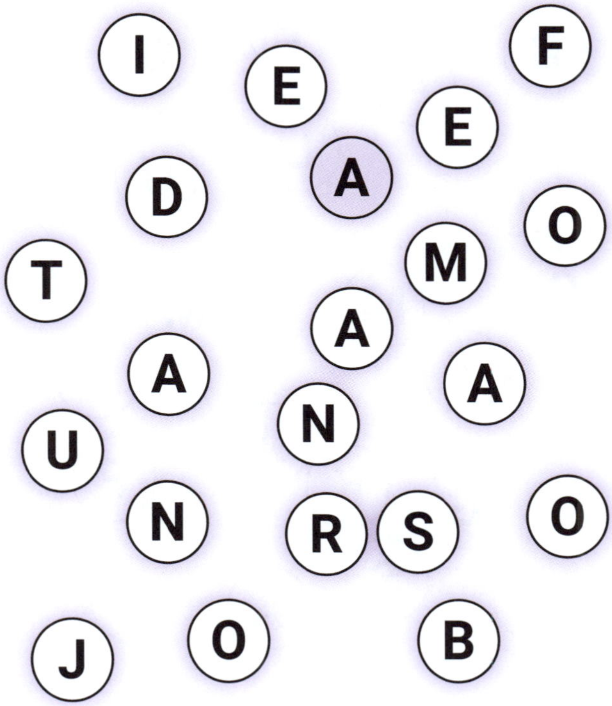

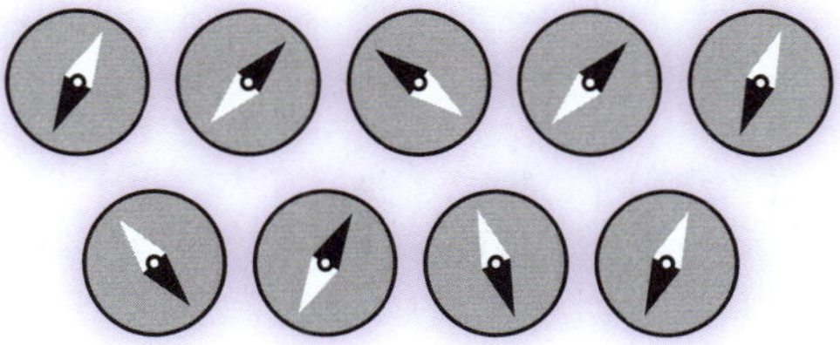

¿Cuál es el nombre y apellido del personaje?

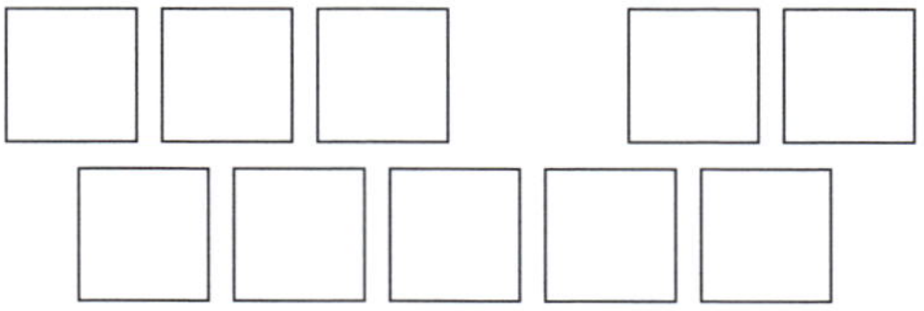

#03

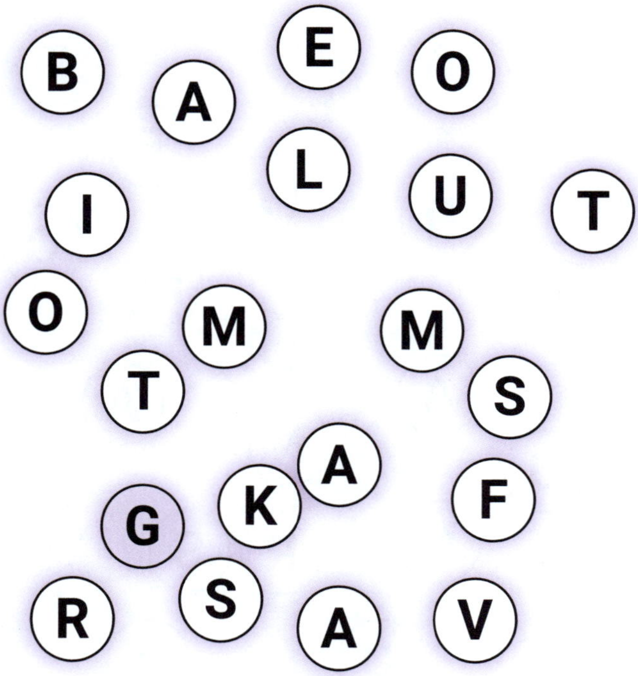

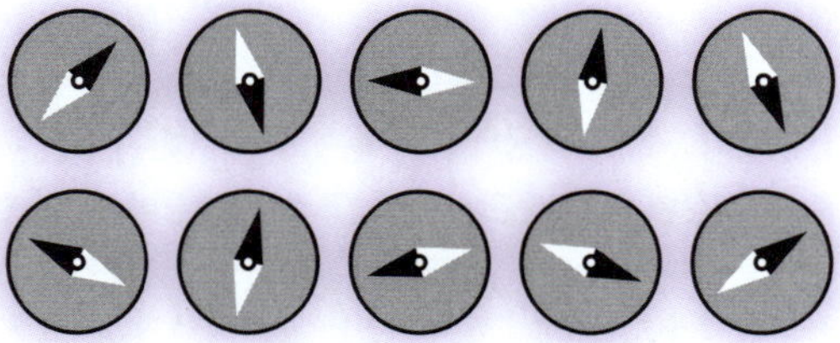

¿Cuál es el nombre y apellido del personaje?

#04

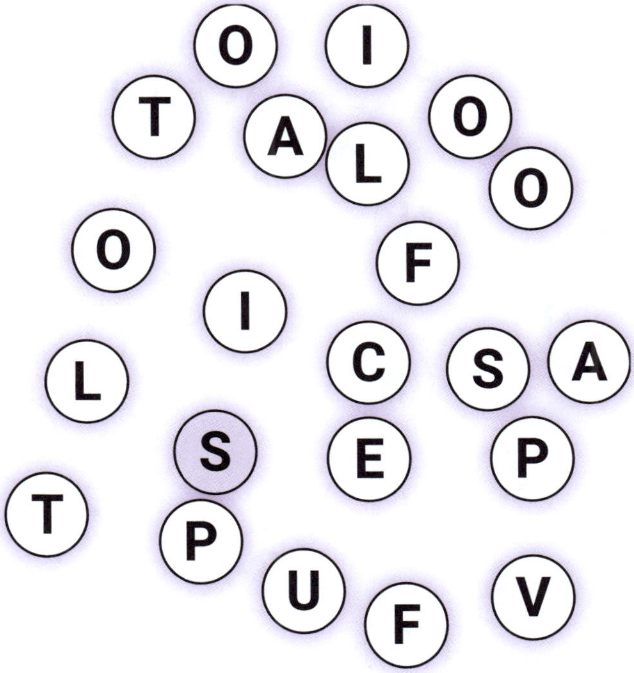

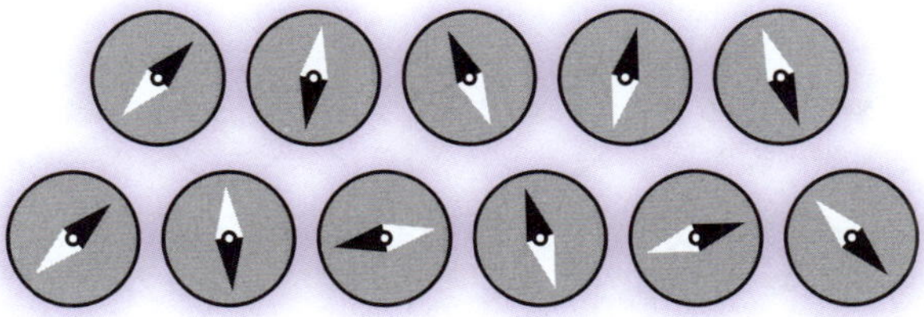

¿Cuál es el nombre y apellido del personaje?

#05

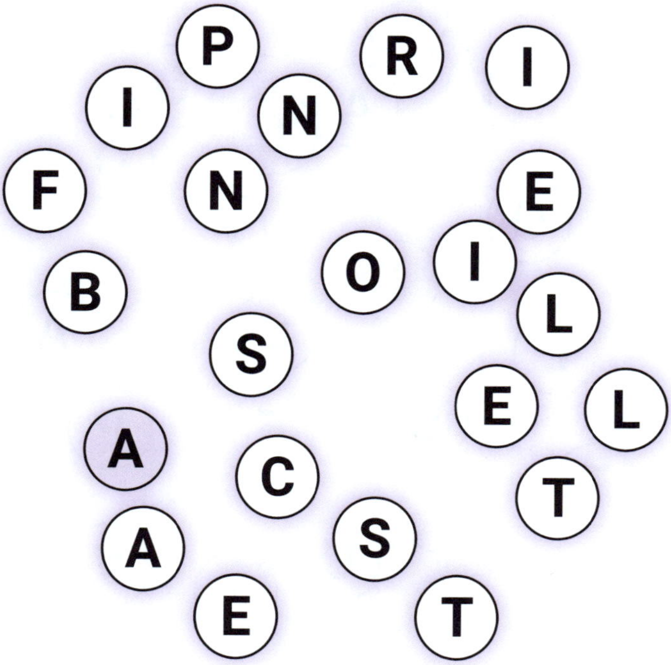

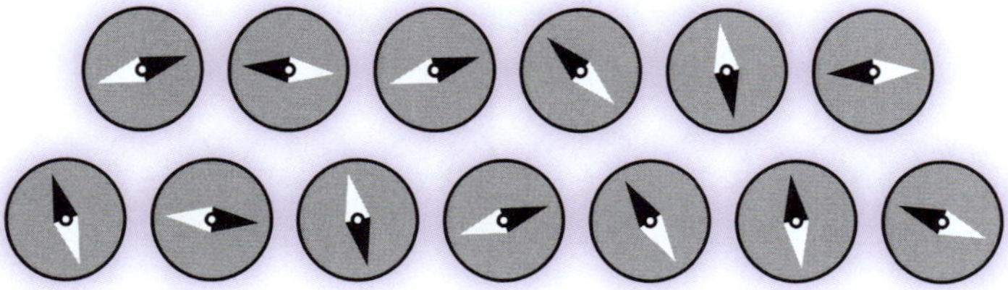

¿Cuál es el nombre y apellido del personaje?

#06

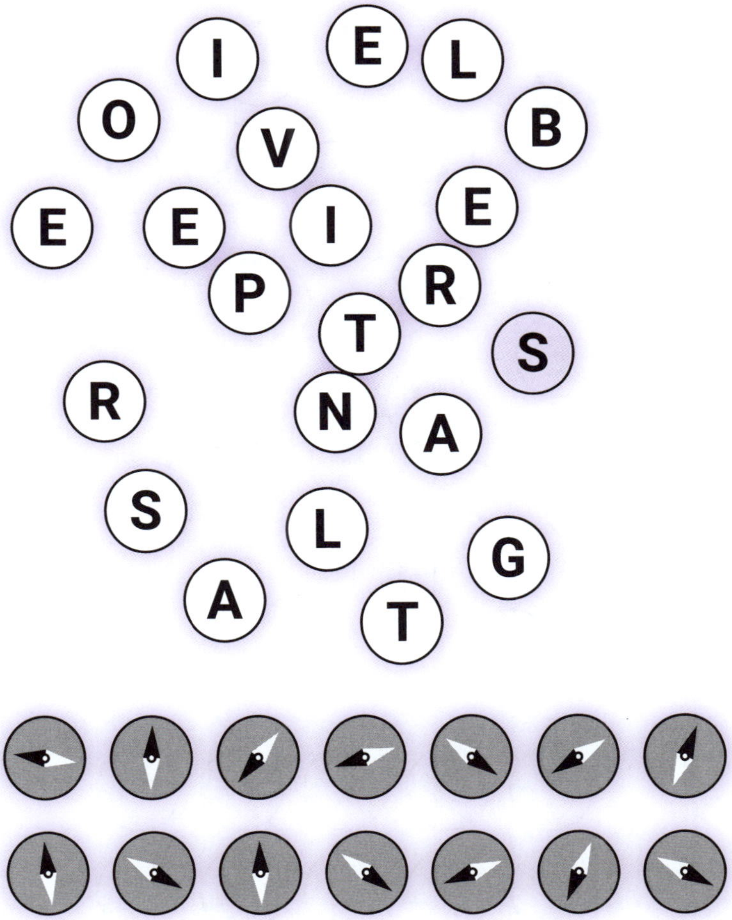

¿Cuál es el nombre y apellido del personaje?

#07

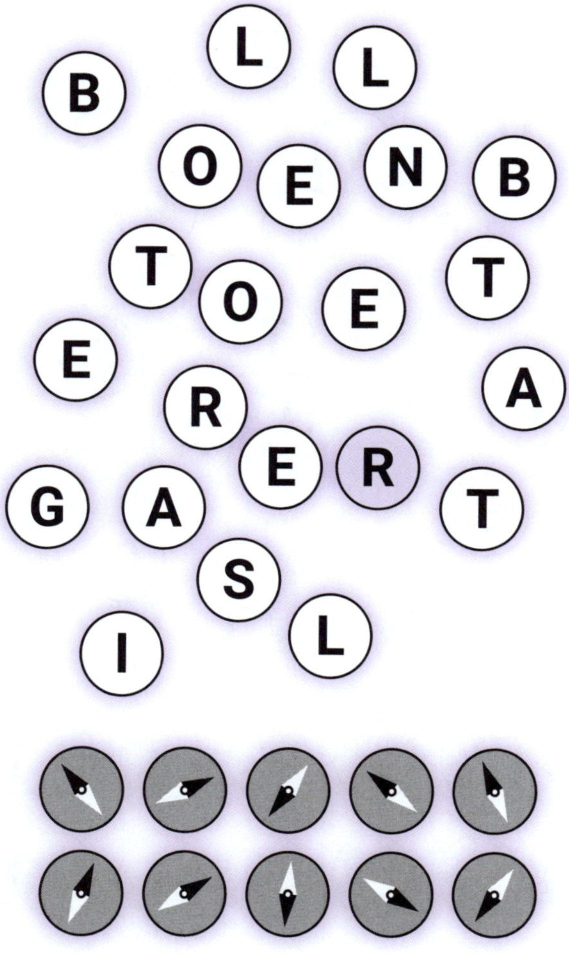

¿Cuál es el nombre y apellido del personaje?

#08

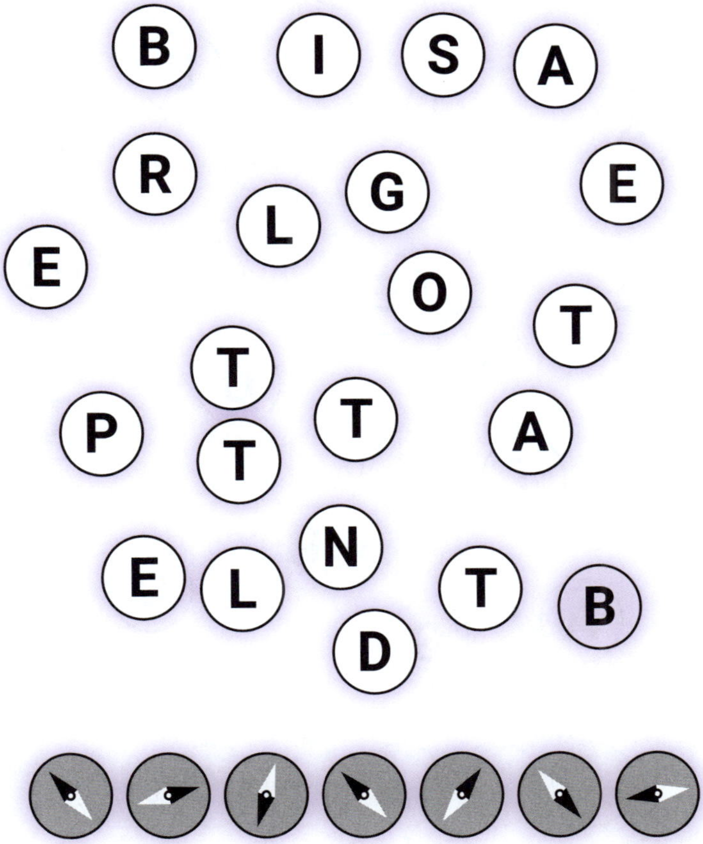

¿Cuál es el nombre y apellido del personaje?

#09

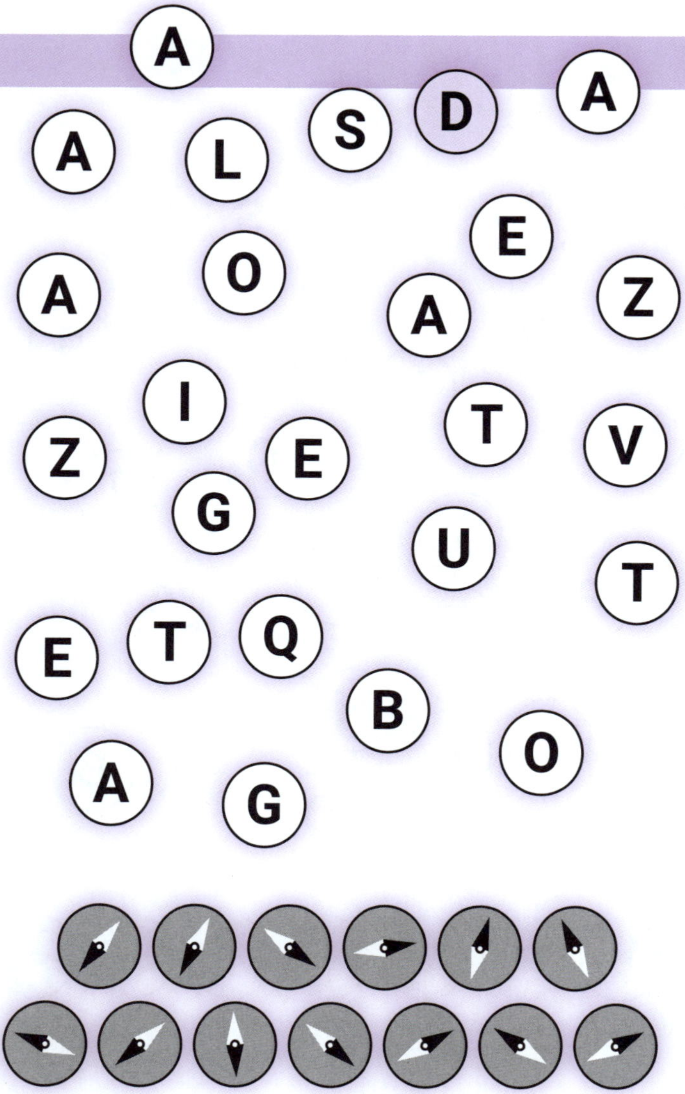

¿Cuál es el nombre y apellido del personaje?

15 CALAMITAS (soluciones)

#01

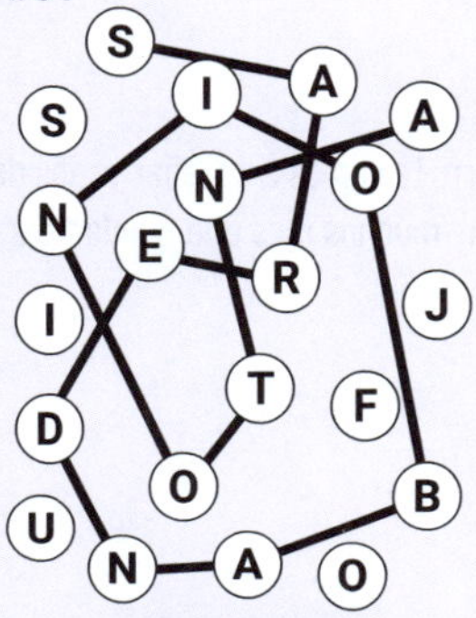

ANTONIO BANDERAS

#02

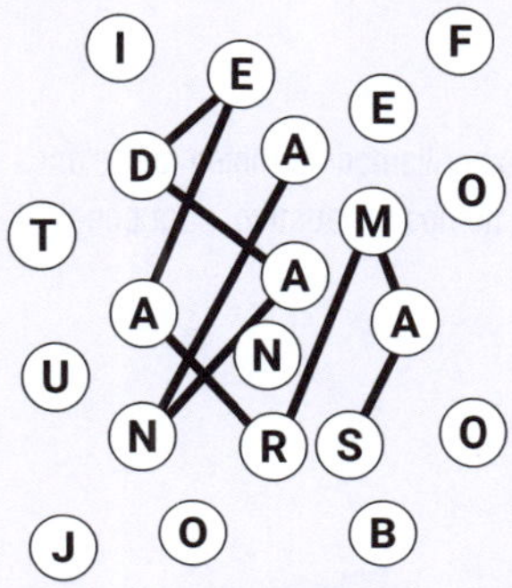

ANA DE ARMAS

#03

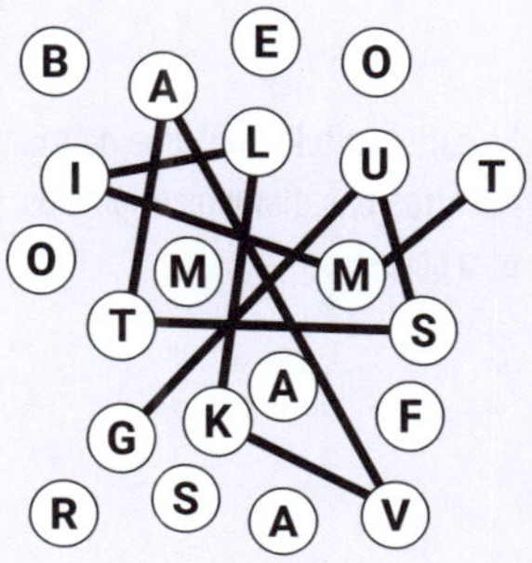

GUSTAV KLIMT

#04

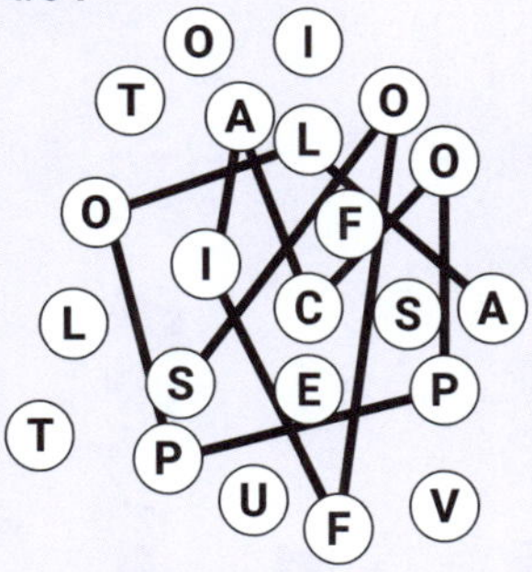

SOFIA COPPOLA

#05

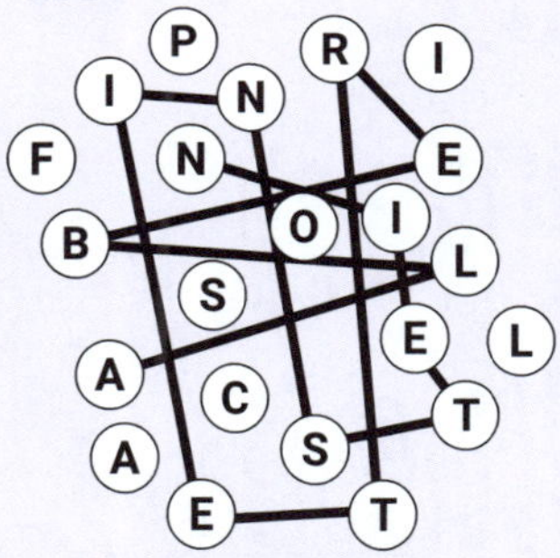

ALBERT EINSTEIN

#06

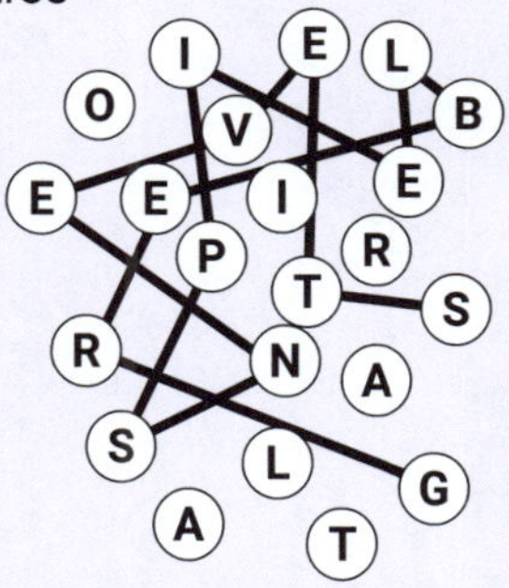

STEVEN SPIELBERG

#07

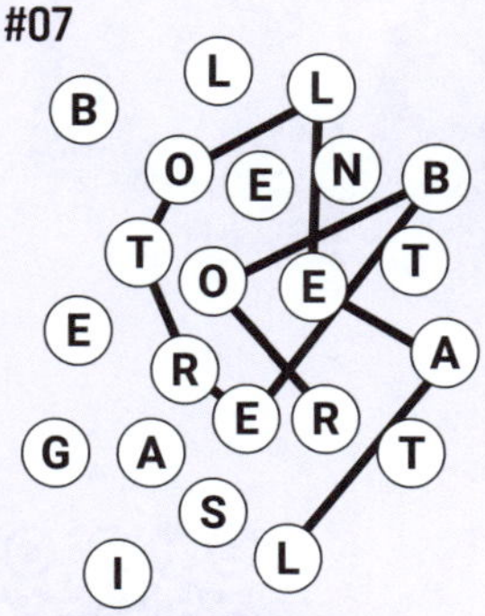

ROBERTO LEAL

#08

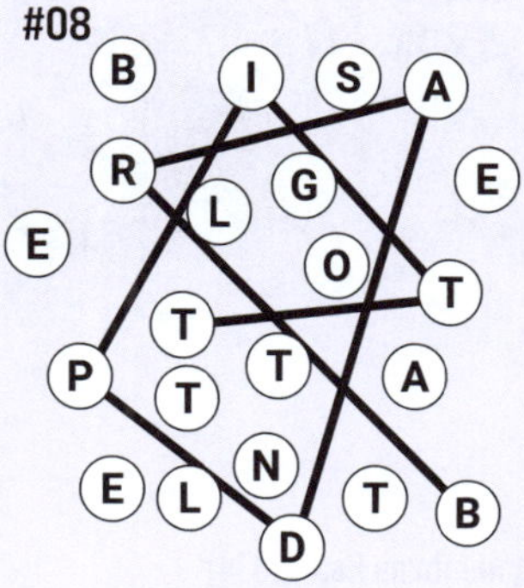

BRAD PITT

#09

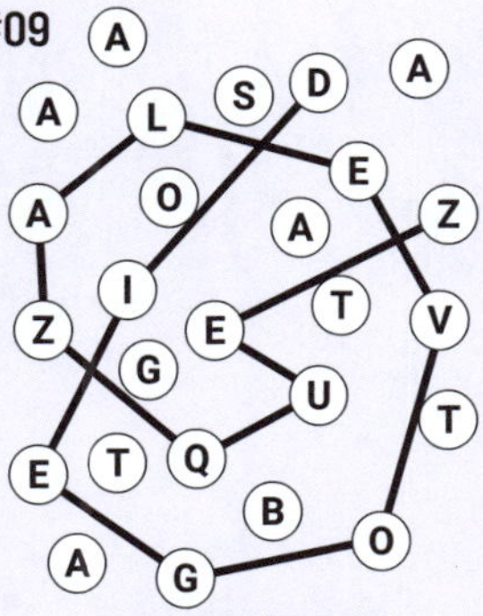

DIEGO VELÁZQUEZ

16

CAJÓN DE SASTRE

En este capítulo final, que podríamos haber llamado también miscelánea o popurrí, te vamos a enseñar varios de nuestros pasatiempos originales, pero menos exhaustivo, para que veas que hay muchos más que quedan para otra ocasión.

Ayuntamiento de Boal (1834)
Aunque no es un edificio de especial prestancia, sin embargo es muy funcional y con encanto.

Qué son los TRIÁNGULOS NUMÉRICOS

El objetivo es colocar los dígitos del 1 al número total de triángulos (sin repetir ninguno), de tal forma que las sumas exteriores de las casillas, en la dirección que indican las flechas, sean correctas. Para ello, cuentas con una pista: los triángulos que llevan un círculo blanco contienen números pares y el número central te indica la suma total de los seis números de los triángulos que lo rodean.

#00

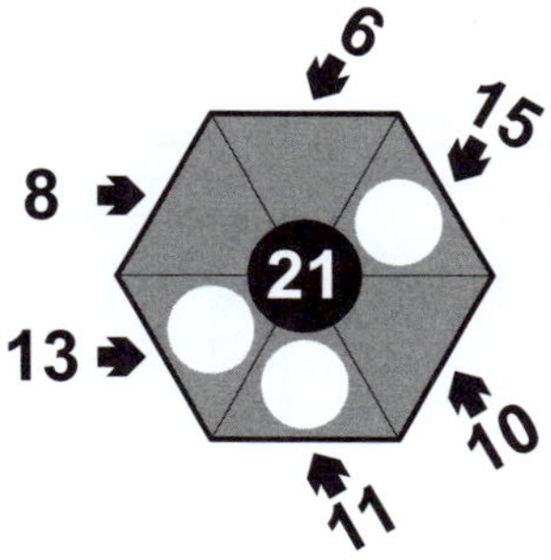

Te aconsejo que empieces por la suma más pequeña, en este ejemplo que te vamos a iniciar, sería el 6, que solo puede formarse con 1 + 2 + 3.
Puesto que solo hay una casilla par (círculo blanco) en esa línea, quiere decir que ahí necesariamente pondríamos el 2.

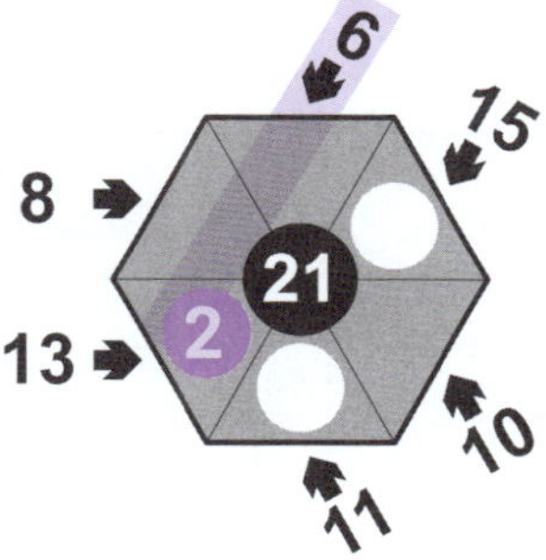

#01

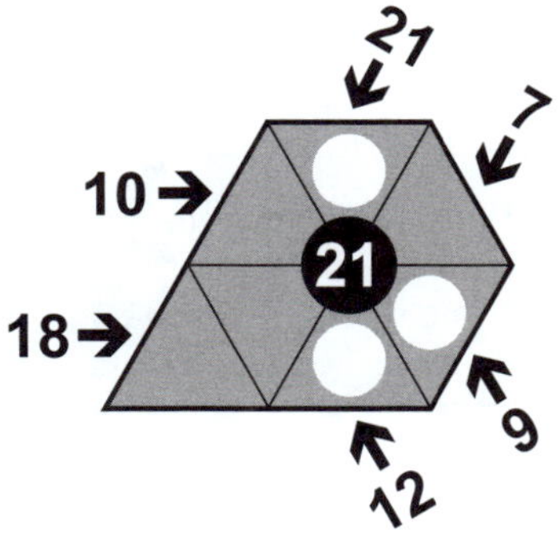

#02

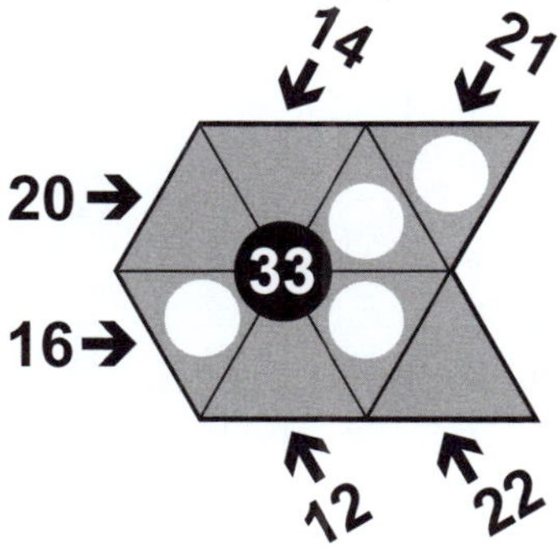

#03

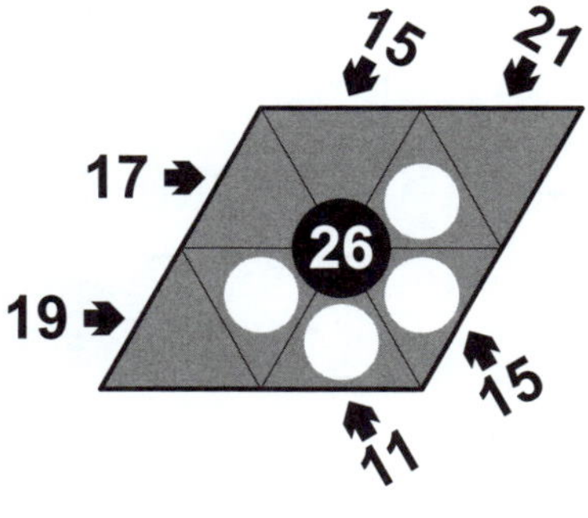

#04

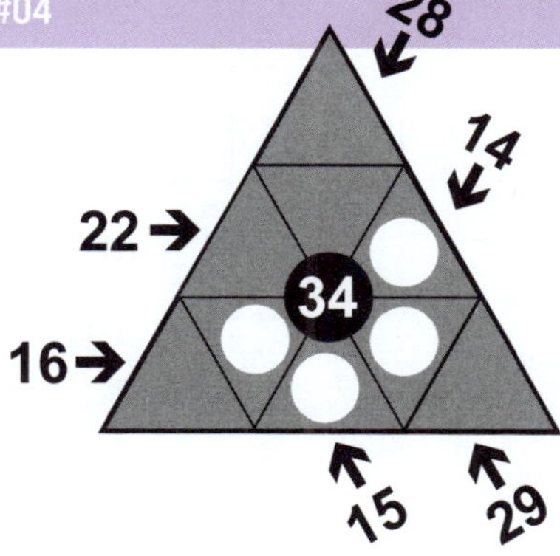

Qué son los PENTOMINÓS

Los pentominós son las figuras que se forman al unir 5 cuadrados de todas las maneras posibles, lo que da como resultado 12 en total. El objetivo en este pasatiempo es averiguar qué pentominós, de los que acompañan a cada tablero, son necesarios para formar la figura y así deducir el que no se podría colocar porque, de hacerlo, ya no sería posible rellenar el tablero. Una pista: las piezas no están giradas.

#00

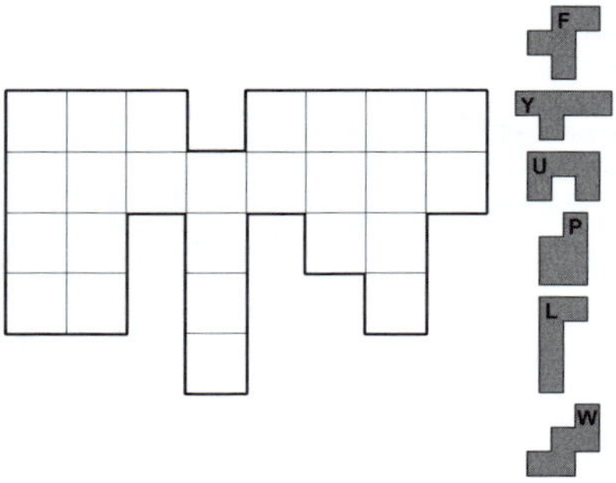

Comienza buscando lugares donde solo quepa uno de los pentominós o incluso un par de ellos, para ir acotando el tablero. En el ejemplo solo hay una pieza a poner en la línea de casillas hacia abajo, teniendo en cuenta que no está girada: la L.

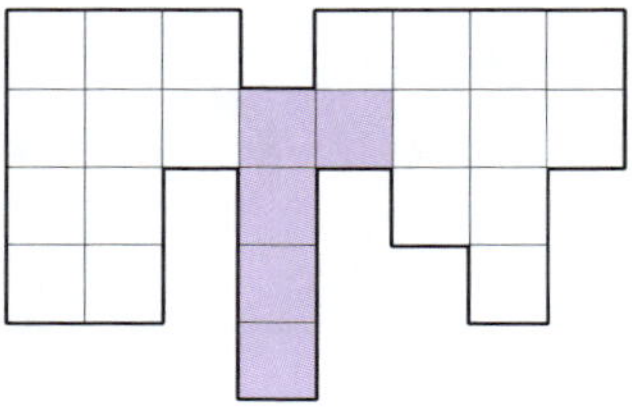

#01

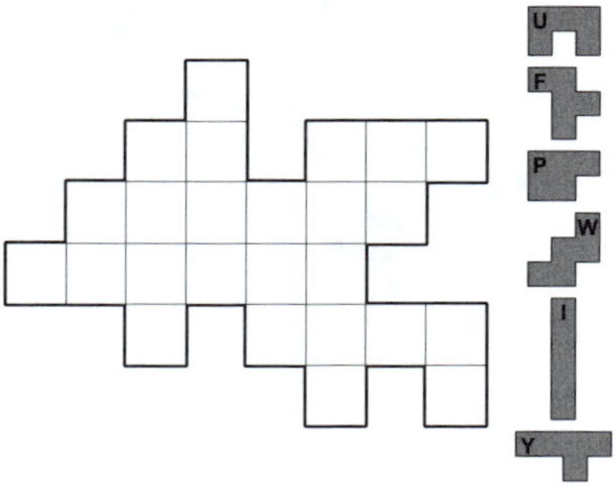

#02

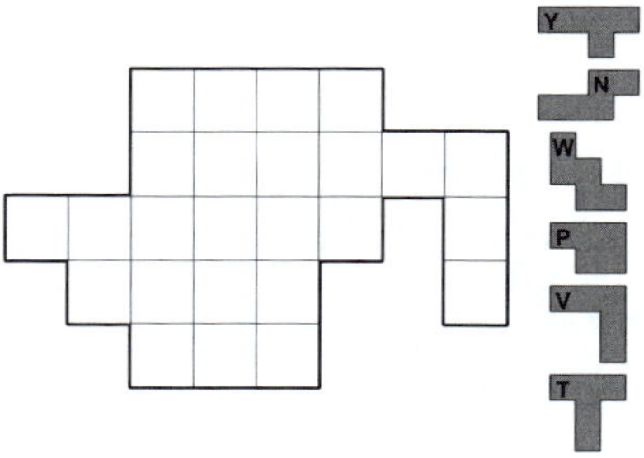

#03

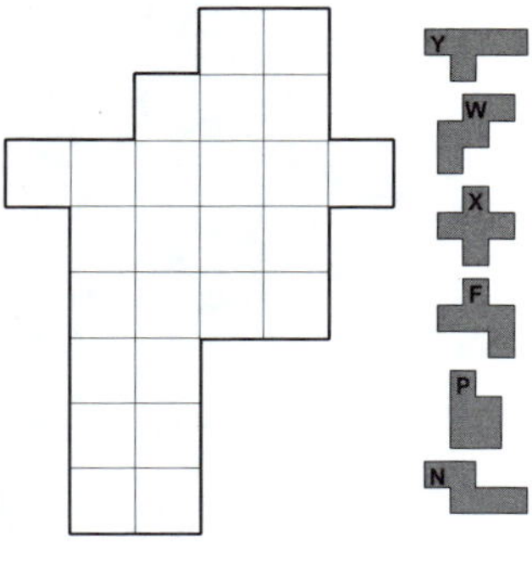

#04

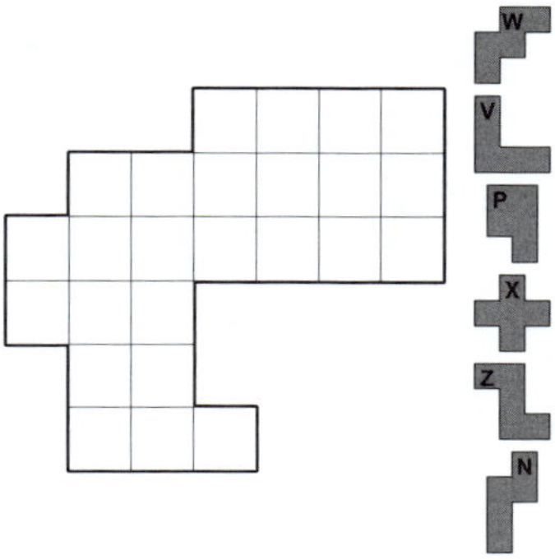

Qué son los REVOLTIJOS DE DOMINÓS

Un dominó que llega hasta el 6-6 tiene un total de 28 fichas y hemos creado un pasatiempo basándonos en la observación y el cálculo. Por un lado hemos quitado 8 fichas del montón para colocarlas en los tableros de tal forma que se cumplan las sumas de puntos en cada una de las filas y columnas indicadas.

Como pista tienes a la izquierda el resto de las fichas sobrantes que podrás ir localizando y tachando en la lista para deducir las que debes colocar en los tableros.

#00

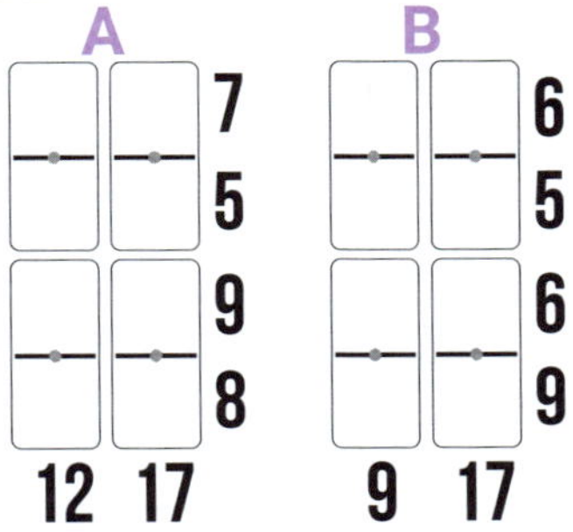

El trabajo a realizar es de mera observación para ir localizando así todas las fichas y descubrir las de los tableros.

0·0	1·1	2·3	3·6
0·1	1·2	2·4	4·4
0·2	1·3	2·5	4·5
0·3	1·4	2·6	4·6
0·4	1·5	3·3	5·5
0·5	1·6	3·4	5·6
0·6	2·2	3·5	6·6

#01

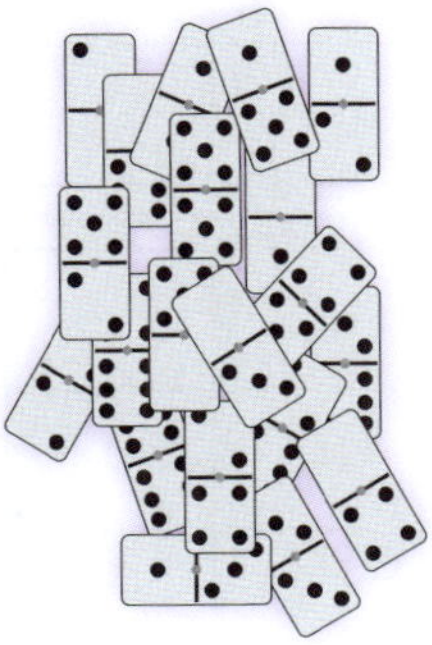

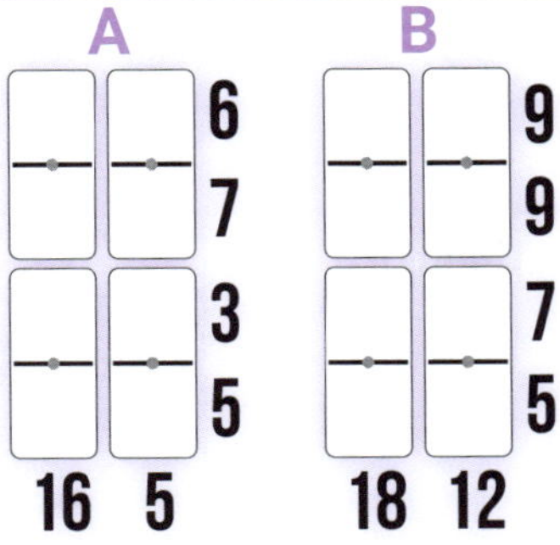

0·0	1·1	2·3	3·6
0·1	1·2	2·4	4·4
0·2	1·3	2·5	4·5
0·3	1·4	2·6	4·6
0·4	1·5	3·3	5·5
0·5	1·6	3·4	5·6
0·6	2·2	3·5	6·6

#02

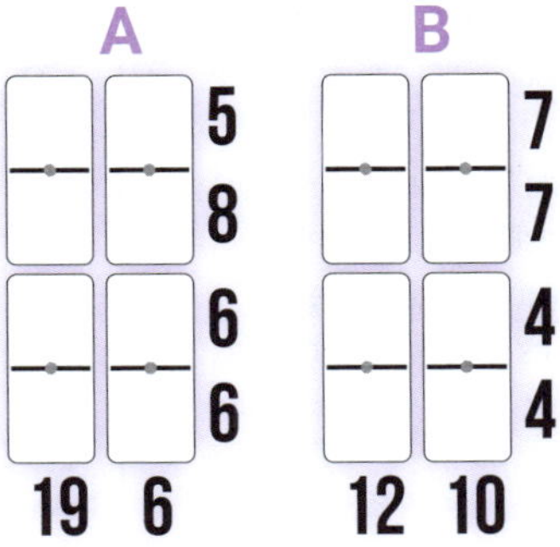

0·0	1·1	2·3	3·6
0·1	1·2	2·4	4·4
0·2	1·3	2·5	4·5
0·3	1·4	2·6	4·6
0·4	1·5	3·3	5·5
0·5	1·6	3·4	5·6
0·6	2·2	3·5	6·6

Qué son los POLIDOKUS

Para resolver cualquier sudoku solo tienes que tener en cuenta que en las filas, columnas y regiones estén todos los dígitos sin repetir ninguno. Pues bien, un polidoku es una composición de varios sudokus. por ejemplo, el pentadoku es un conjunto de 5 sudokus de diferentes tamaños que ha de resolverse en dos fases:

1. solucionando los 4 sudokus de 6x6 para descubrir la equivalencia de los símbolos de algunas de las casillas.
2. trasladando al sudoku central los valores únicos correspondientes a los símbolos que has averiguado, sin los cuales no podrías resolverlo.

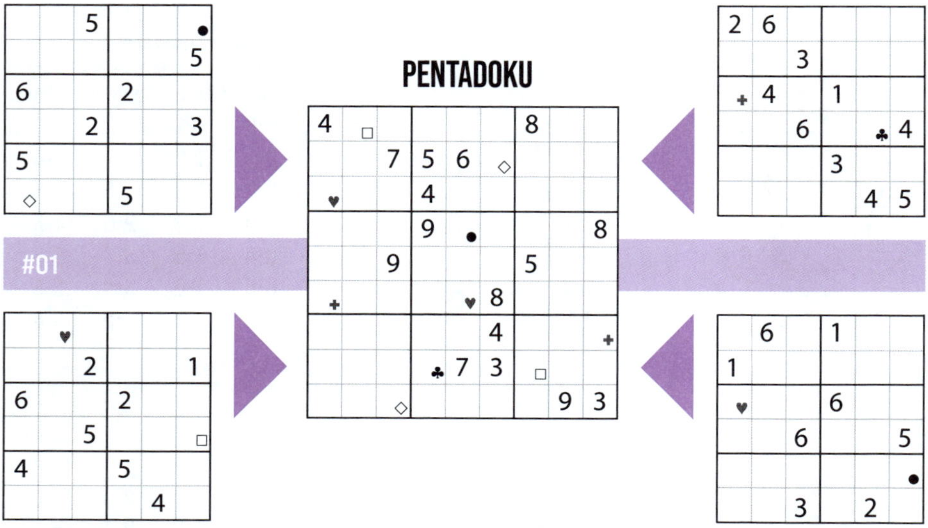

Para resolver estos tres sudokus encadenados debes rellenar las filas, columnas y regiones con una serie de números que viene determinada por el tamaño de su cuadrícula, sin que se repita ninguno.

Empieza por el sudoku de 4x4 y, una vez que lo resuelvas, pasa los números asociados a cada símbolo a las casillas correspondientes del sudoku de 6x6 y 9x9. Complétalo y haz lo mismo con el de 9x9.

La equivalencia de símbolos a números es única para los tres sudokus.

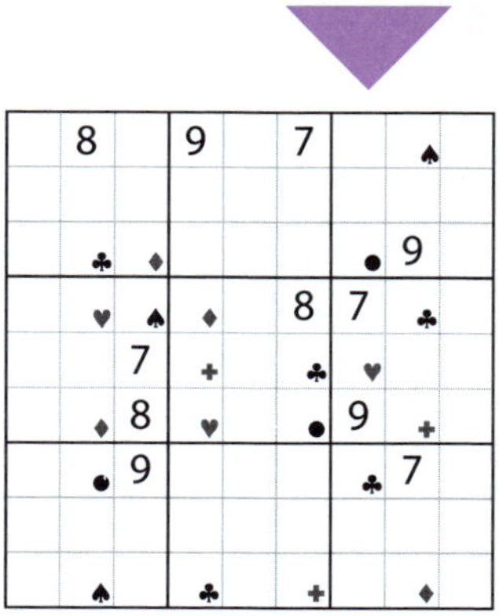

Qué son las SUMAS DIGITALES

Cada una de las nueve casillas es un dígito, como los de segmentos de las antiguas calculadoras, que han sido tapados en parte. El objetivo es encontrar cuál es cada uno de ellos teniendo en cuenta que todos son diferentes (9 de los 10 que van del 0 al 9) y la suma es correcta.

#00

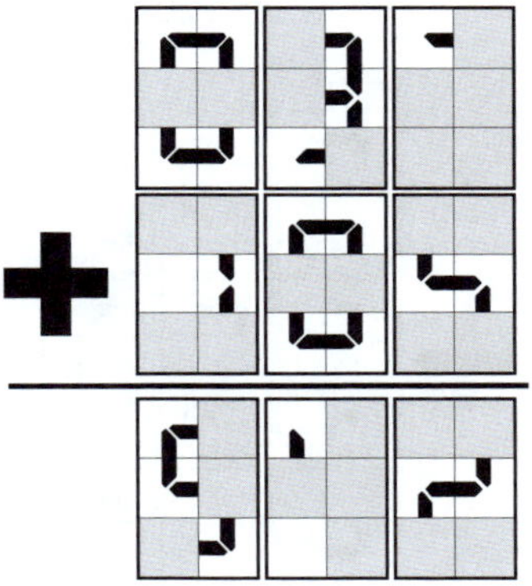

Si observas con atención los segmentos a la vista podrías poner en cada casilla los dígitos que son posibles. Por ejemplo, la casilla inferior izquierda puede ser un 5 o un 9, pero en la central derecha solo cabe el 5, luego ya sabes dónde irá el 9.

A medida que vas definiendo números las deducciones se hacen más evidentes.

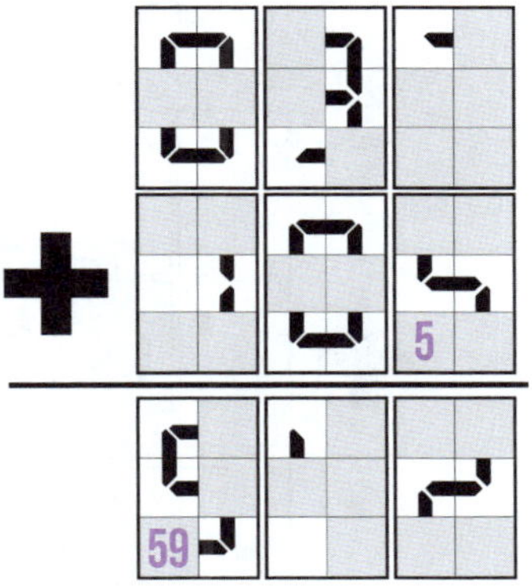

#01

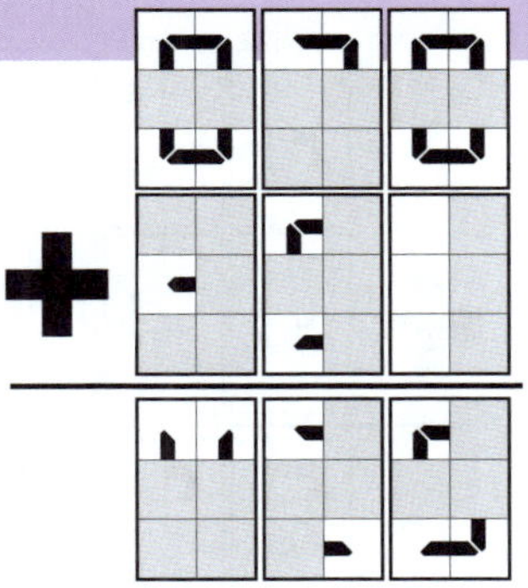

#02

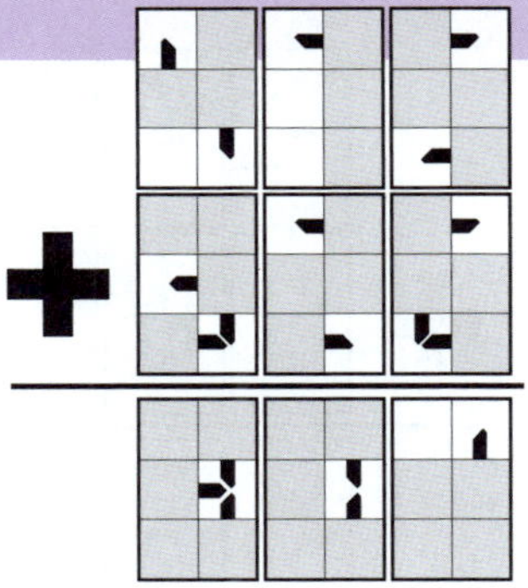

#03

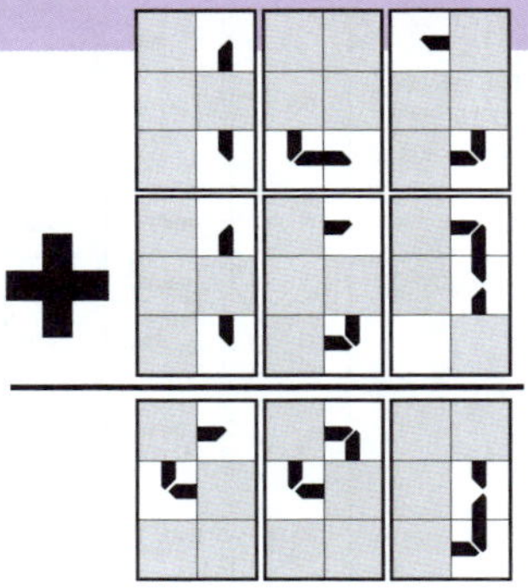

#04

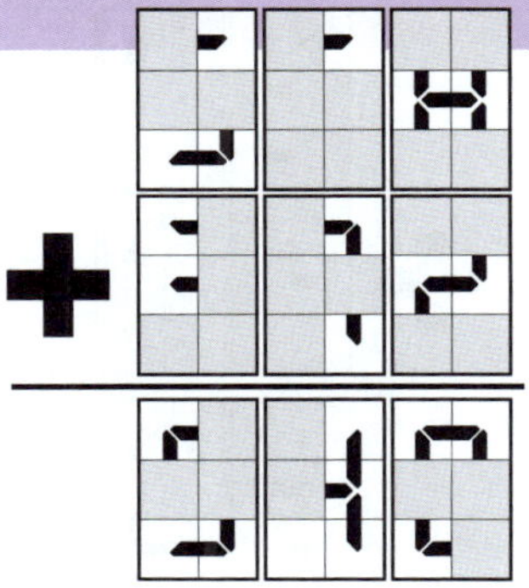

#05

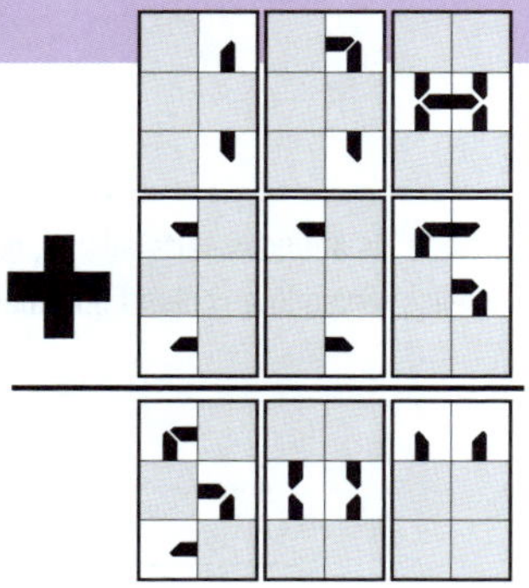

#06

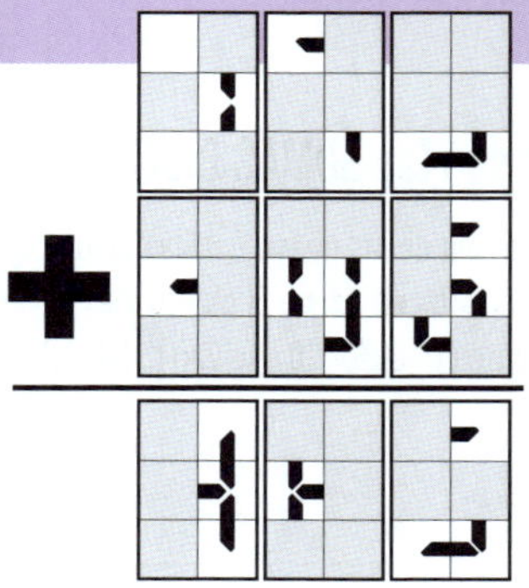

#07

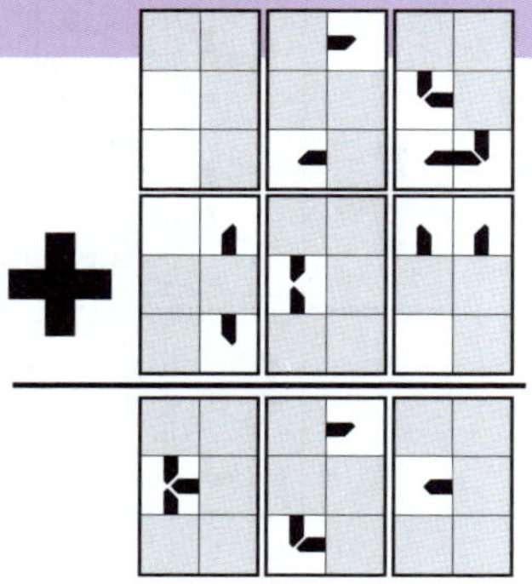

#08

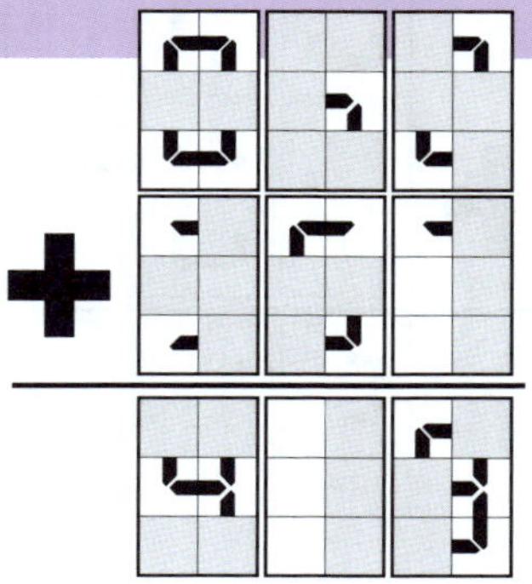

#09

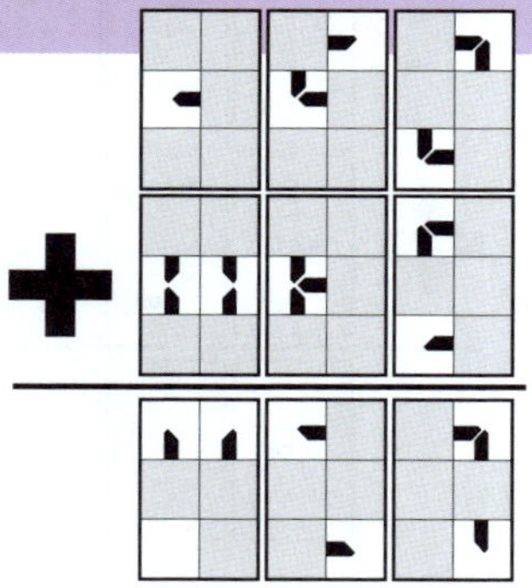

#10

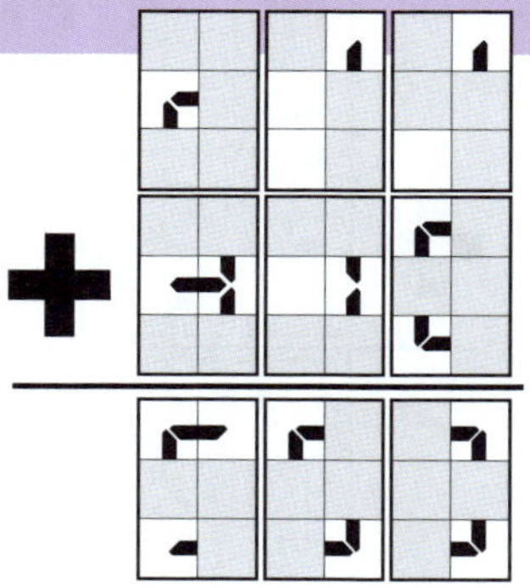

#11

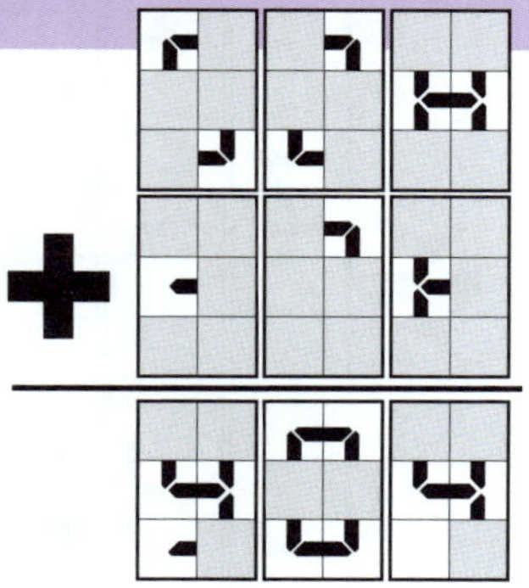

#12

Espero que ya seas un experto porque de este no te damos la solución.

Qué son los TATAMI

Para resolver un tatami solo tienes que colocar las piezas correctamente en el tablero y así poder leer en las casillas del borde, en el sentido de las agujas del reloj, un conocido refrán. Ten en cuenta que las piezas pueden están giradas. Las primeras publicaciones de este pasatiempo fueron el siglo pasado ;-)

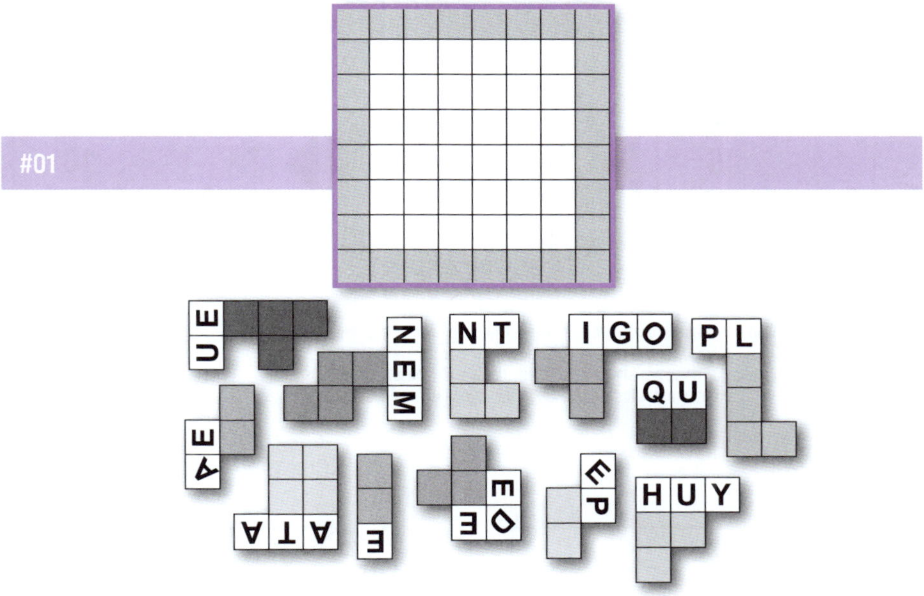

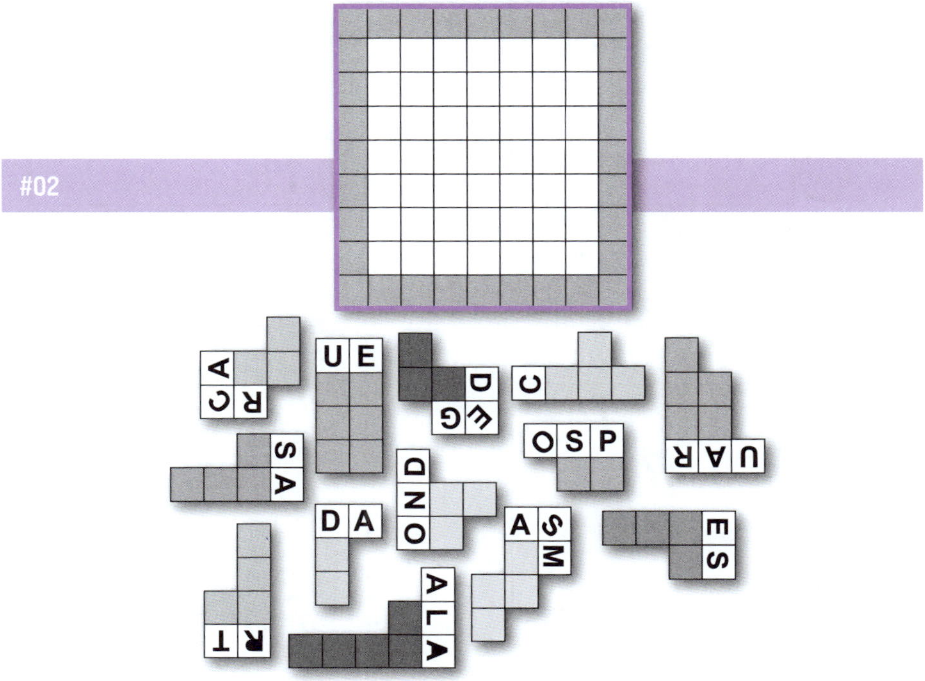

Qué son las ADENDAS

Tu objetivo es colocar los dígitos del 0 al 9 en las casillas exteriores y para ello te damos como pista los números de algunas casillas interiores que te indican la suma de los dígitos alineados con ellas.

#00

◯			3		
◯				14	
◯				16	
◯	3		1		
◯	7				10
	◯	◯	◯	◯	◯

▶

◯			3		
◯				14	
◯				16	
01	3		1		
45	7				10
	32	◯	10	◯	65

▶

2			3		
5				14	
7				16	
0	3		1		
4	7				10
	3	8	1	9	6

Ejemplo resuelto y razonado, para que puedas entender mejor en qué consiste el pasatiempo.
El 1 solo puede ser **1 + 0** o 0 + 1. Ambas opciones las mostramos en colores distintos en las casillas.
La opción en color se observa que no es posible al llegar al valor del 10 y el 7, puesto que ambos implican un 5 y deben ser diferentes todos los dígitos, luego solo queda la opción en negro.

#01

◯	4				
◯		9			
◯	3		9	7	
◯	5	7			10
◯					
	◯	◯	◯	◯	◯

#02

◯	7				
◯			2		1
◯	9				
◯			10	14	
◯	11				
	◯	◯	◯	◯	◯

#03

◯		7			
◯	9			7	
◯		9	17		
◯					
◯				6	3
	◯	◯	◯	◯	◯

#04

◯				9	
◯			17		9
◯		13			6
◯				8	
◯	3		9		
	◯	◯	◯	◯	◯

#05

9				1
		11		
	9		10	
11		5		

#06

			9	
12		11		
				5
	5		1	3

#07

				1
	15	17		
7			6	2
	13			7

#08

			17	
4	9		11	
	10			
		12		9
				2

#09

13		7		
		8		13
	1		6	8
16				

#10

9				
		2	3	
5				
			12	17
	13			15

Este pasatiempo fue ideado por nuestro psicólogo de cabecera: Sergio Fernández Aldrey.

Entreno de AJEDREZ

El objetivo en todos los tableros es el mismo: **las blancas juegan y dan mate en un movimiento.**

K (rey), **Q** (reina), **T** (torre), **C** (caballo), **A** (alfil), **p** (peón)

#00

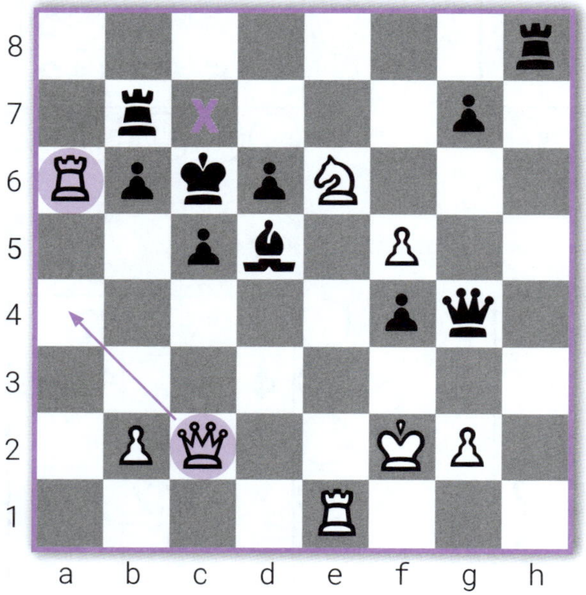

1. **T·b6**
   Comer el peón negro (b6) con la torre blanca (a6) no es buena opción, puesto que implica efectivamente un jaque, pero no mate, puesto que dicha torre muere a manos del propio rey o por la torre negra (b7), liberándose del mate.
2. **Q·a4**
   La otra opción es mover la reina (c2) a la posición a4. Esto implica también poner en jaque al rey negro y, en definitiva, un mate puesto que el rey solo podría huir a c7, donde le amenazaría el caballo blanco desde e6.

#01

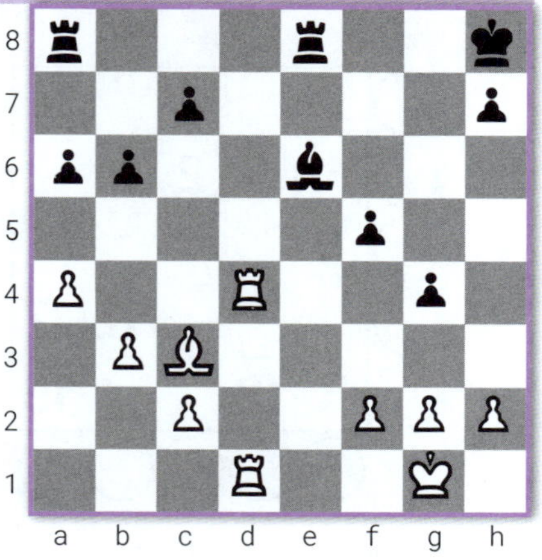

#02

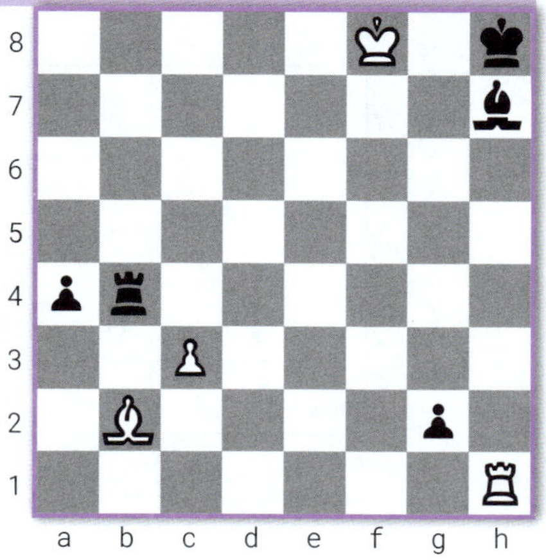

#03

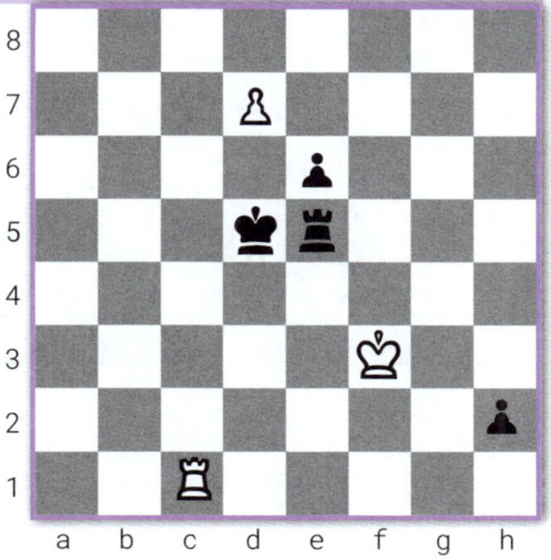

#04

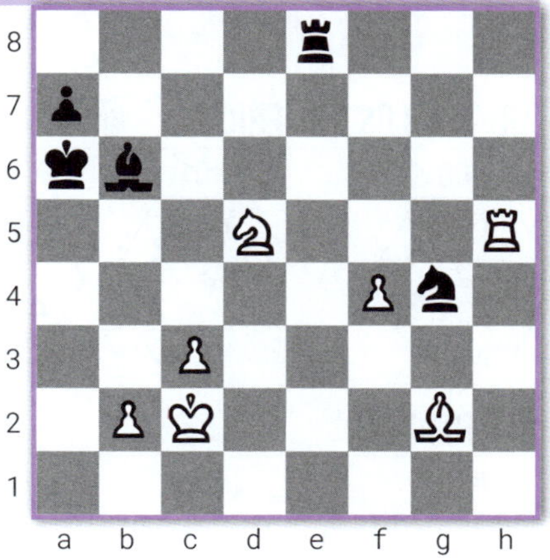

#05

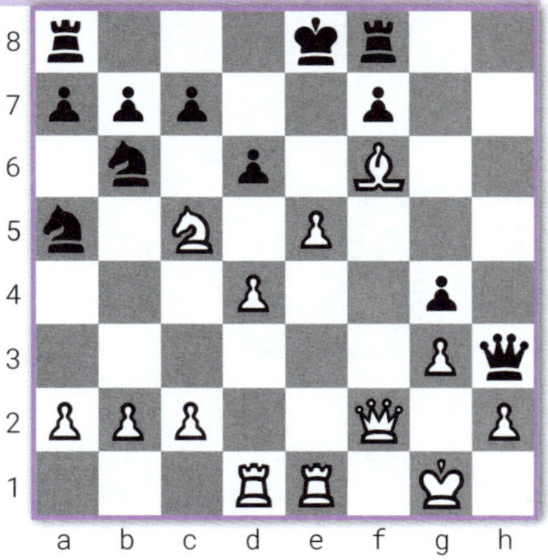

#06

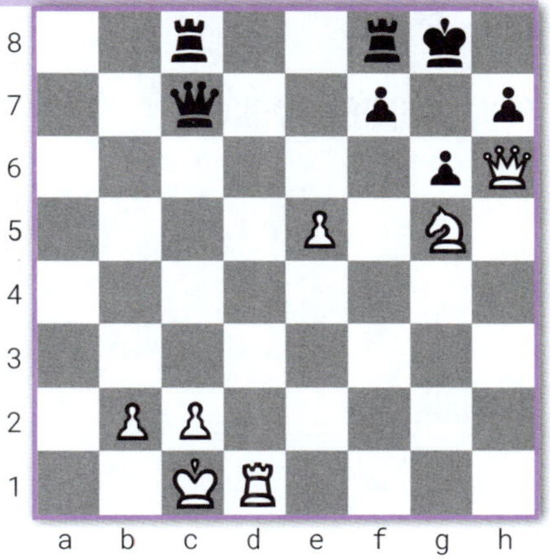

#07

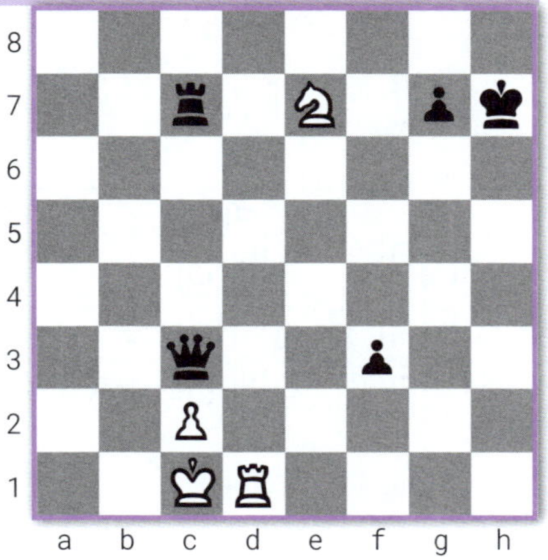

#08

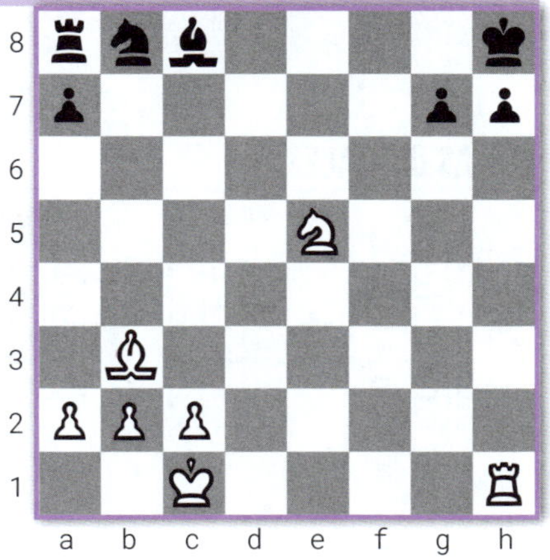

16

CAJÓN DE SASTRE (soluciones)

TRIÁNGULOS NUMÉRICOS

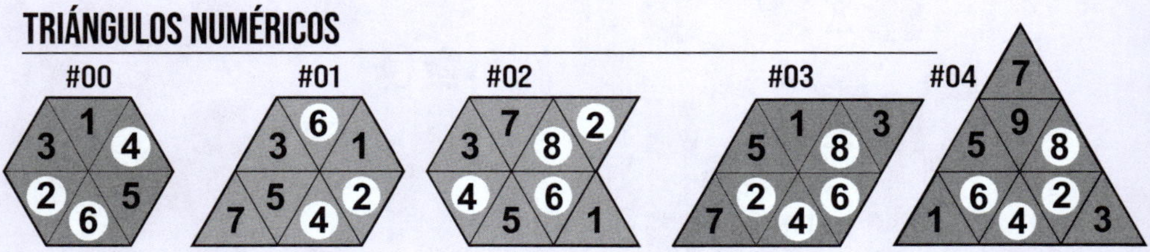

PENTOMINÓS

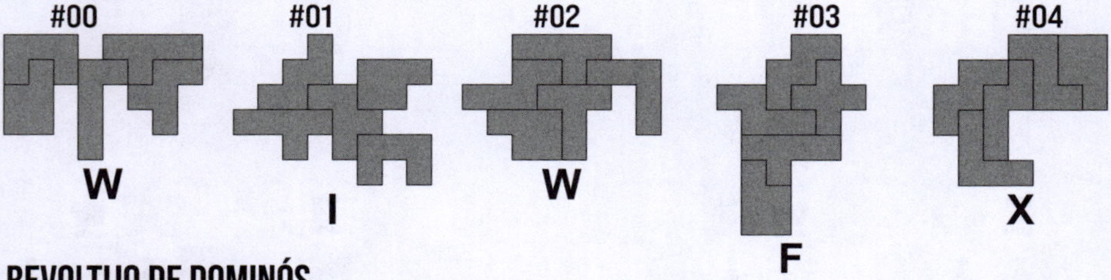

REVOLTIJO DE DOMINÓS

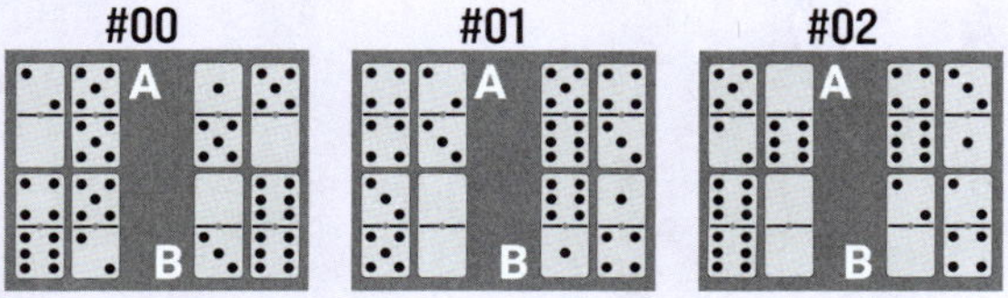

POLIDOKUS

#01

3	6	5	1	2	4
2	4	1	3	6	5
6	5	3	2	4	1
4	1	2	6	5	3
5	3	6	4	1	2
1	2	4	5	3	6

2	6	5	4	3	1
4	1	3	2	5	6
5	4	2	1	6	3
1	3	6	5	2	4
6	5	4	3	1	2
3	2	1	6	4	5

4	6	5	3	2	9	8	1	7
8	9	7	5	6	1	3	4	2
3	1	2	4	8	7	9	5	6
1	2	3	9	4	5	7	6	8
7	8	9	6	1	2	5	3	4
5	4	6	7	3	8	1	2	9
6	3	8	1	9	4	2	7	5
9	5	4	2	7	3	6	8	1
2	7	1	8	5	6	4	9	3

1	3	4	6	2	5
5	6	2	4	3	1
6	1	3	2	5	4
2	4	5	3	1	6
4	2	1	5	6	3
3	5	6	1	4	2

4	6	2	1	5	3
1	3	5	2	4	6
3	5	4	6	1	2
2	1	6	4	3	5
5	2	1	3	6	4
6	4	3	5	2	1

#02

4	1	3	2
3	2	1	4
1	4	2	3
2	3	4	1

2	5	6	1	3	4
1	4	2	3	5	6
3	6	4	5	1	2
4	3	5	2	6	1
6	1	3	4	2	5
5	2	1	6	4	3

6	8	4	9	3	7	1	5	2
9	7	1	4	2	5	3	6	8
5	2	3	8	1	6	4	9	7
1	6	5	3	9	8	7	2	4
4	9	7	1	5	2	6	8	3
2	3	8	6	7	4	9	1	5
8	4	9	5	6	3	2	7	1
3	1	2	7	8	9	5	4	6
7	5	6	2	4	1	8	3	9

SUMAS DIGITALES

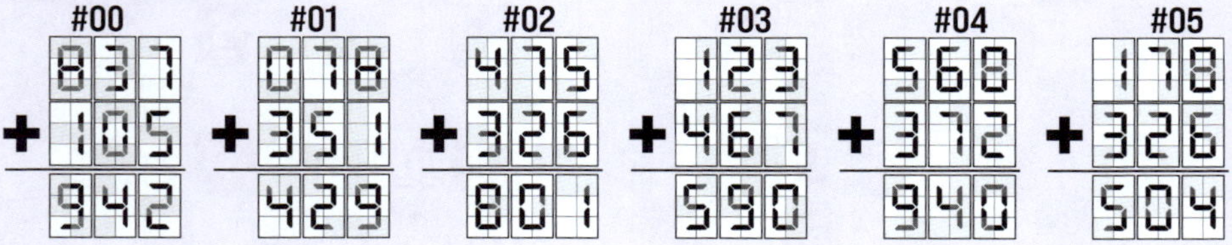

16 CAJÓN DE SASTRE (soluciones)

SUMAS DIGITALES

#06

  179
+ 306
= 485

#07

  759
+ 104
= 863

#08

  062
+ 357
= 419

#09

  358
+ 069
= 427

#10

  214
+ 376
= 590

#11

  528
+ 376
= 904

TATAMI

#01

A	E	N	E	M	I	G	O
A							Q
T							U
A							E
L							H
P							U
E							Y
D	E	T	N	E	U	P	E

#02

C	A	S	A	C	O	N	D	O
R								S
A								P
D								U
R								E
A								R
U								T
G								A
E	D	S	E	A	L	A	M	S

ADENDA

#01

(1)	4				
(4)		9			
(0)	3		9	7	
(2)	5	7			10
(6)					
	(3)	(5)	(9)	(7)	(8)

#02

(3)	7				
(0)			2		1
(5)	9				
(8)			10	14	
(7)	11				
	(4)	(9)	(2)	(6)	(1)

#03

(7)		7			
(3)	9			7	
(9)		9	17		
(5)					
(2)				6	3
	(6)	(0)	(8)	(4)	(1)

#04

(4)				9	
(9)			17		9
(6)		13			6
(3)				8	
(1)	3		9		
	(2)	(7)	(8)	(5)	(0)

#05

(0)	9				1
(8)			11		
(7)					
(4)		9		10	
(2)	11		5		
	(9)	(5)	(3)	(6)	(1)

#06

(9)				9	
(5)	12		11		
(8)					
(3)					5
(1)		5		1	3
	(7)	(4)	(6)	(0)	(2)

#07

(1)					1
(9)		15	17		
(3)					
(2)	7			6	2
(7)		13			7
	(5)	(6)	(8)	(4)	(0)

#08

(9)				17	
(3)	4	9		11	
(4)		10			
(7)			12		9
(0)					2
	(1)	(6)	(5)	(8)	(2)

#09

(4)	13		7		
(5)			8		13
(2)					
(0)		1		6	8
(7)	16				
	(9)	(1)	(3)	(6)	(8)

#10

(5)	9				
(0)			2	3	
(1)	5				
(9)				12	17
(7)		13			15
	(4)	(6)	(2)	(3)	(8)

AJEDREZ

#00: Q·a4

#01: T·g4

#02: p·b4

#03: p·d8 (Q o T)

#04: C·b4

#05: p·d6

#06: Q·h7

#07: T·h1

#08: C·g6